自治体の産業振興担当になったら読む本

大島俊也［著］

学陽書房

はじめに

　本書では、自治体の産業振興担当の職員として知っておきたい、基本的な知識や地域産業の主な課題、各種施策に取り組む際の実務上の注意点やノウハウをお伝えしています。

　産業振興担当に配属される職員は、どんな仕事をするのかイメージができていなかったり、来てみたら思っていたのとは違って戸惑ったりすることが結構あるようです。

　ちなみに、私は特に配属を希望したわけでもなく（別に嫌がっていたわけでもありませんが）、産業振興担当に異動が決まったときは、「イベントの仕事とかありそうだから、残業や休日出勤が多いのかな〜」くらいにしか思わず、具体的に何をするのかほとんどイメージできていませんでした。

　そこからしばらくは、怒涛のごとく「新しいヒト」や「新しいコト」との出会いの連続でした。

　同僚と地域の人たちが楽しげにやりとりしながらも、ときに泥臭い雰囲気を感じさせる様子に、自分だけが何もわかっていない気がして不安や焦りも覚えました。顔と名前を覚えるのが苦手で、初対面の人と打ち解けて話すのも得意ではない私は、地域の方々から見れば、カタいお役人でつまらなく見えただろうと思います。

　担当事業は決まっていても、何もかもを法令に決められた手続きどおりに粛々と進めるばかりではない産業振興の仕事は、ある意味、自由です。それは一方で、自分が考えなければ何も仕事が進まず、どう考えて臨んだらいいか自信が持てず悩むことが幾度もありました。

　それでも日々の仕事に取り組んでいくうちに、カナヅチの私でもこの仕事の泳ぎ方を覚え、面白さや醍醐味もわかり始めて、気が付けばベテラン扱いされる身になっています。

　産業振興という仕事は、おそらく自治体職員の様々な仕事の中でも珍しい部類の、公務員らしからぬ面を多く持っています。施策の自由度が

高く地域差もある仕事でマニュアル化がしにくいからか、地域の産業振興についての本は、「中小企業」や「商店街」「観光」などの分野ごとに課題そのものについて論じるものはあっても、産業振興を担当する職員向けの教科書のような本はあまりありません。戸惑っても頼れるものがないのは、不安なものです。

　初めて産業振興という仕事を担当することになった職員が、これからはもう少しスムーズに仕事になじめて、いち早く職場での戦力になれるようにしたい、そんな想いで本書を執筆しました。

　地域差を越えた基本的な総論から具体的なノウハウまでを概観できる、そんな教科書を目指しています。配属1年目だけではなく何年経っても使えるように、本書の後半には、さらにレベルアップするためのポイントもケーススタディをまじえて紹介しています。

　ラストに、ある職員からの言葉を。「今の若手職員に向けたメッセージにしてください」。本書を執筆することになった私に、同じ産業振興担当で一緒に汗をかいてきた職員からそう言われました。まさにそのとおりだと思い、本書には若手職員もそうでない職員も、今までよりスムーズに、今までより効果的に、やりがいと楽しさを感じながら産業振興の仕事に取り組めるようになってほしいという想いを込めています。

　どんな産業にしろ、産業なくして、地域の未来はありません。

　産業振興担当職員として、地域の方々とともに力を合わせて、地域の未来を創り、守っていきましょう。

2023 年 4 月

大島俊也

第1章 産業振興担当の仕事へようこそ

第2章 地域産業の基礎知識

第3章　産業振興で扱う主な課題

第**4**章 産業振興施策に取り組む前の
注意点

第5章 産業振興のための主な施策

第**6**章　**残念な産業振興施策にしないための**
ポイント

第**7**章　産業振興担当として、さらに一歩前へ進む

産業振興担当の
仕事へようこそ

本章では、産業振興担当者が最初に押さえてほしいポイントとして、産業振興という仕事の必要性、1年間の流れと1日の仕事、担当者に必要な姿勢や能力などを取り上げます。

◎…地域の産業振興 とは何だろう？

▶▶▶「稼げるまち」にする

　産業振興を担当する部署に配属されたら、何をイメージするでしょうか。イベントや企業誘致などが思い浮かぶかもしれませんが、どの事業にも自治体が行うからこその意味や効果があります。まず、自治体での産業振興の必要性についてご説明します。

　地域にある企業が赤字ばかりで倒産・閉店が続き、住民に働く場がないか、あっても収入が低かったとしたら、経済的に自立できず食べていけない人が増えてしまいます。また、まちの活力も失われてしまうでしょう。

　そこに、産業振興の必要性があります。

　地域にある企業が順調に経営できて、地域内でお金が回り、あるいは、地域の外から地域内にお金が入ってくるようにすること、つまり、「稼げるまち」にすることが産業振興なのです。

▶▶▶「福祉」の観点も忘れない

　「稼げるまち」にするとしても、地域には、バリバリ稼ぎたい人からぽちぽち稼ぐだけでいい人まで様々な人がいます。稼ぎまくる企業だけを相手にするのが、自治体の仕事ではありません。

　公務員は「全体の奉仕者」です。地域の困っている町工場や商店などを「稼げる」か否かというシビアな視点だけで切り捨てられるはずもありません。自治体の産業振興は、既存の企業をその経営状態や姿勢を追及しすぎることなく支援する面もあります。これについて、生産性の低

い企業を公費で延命させ、生産性の高い企業が増えていくことを妨げる「産業福祉」だと揶揄する声もあります。

このような表現の是非はともかく、地域で困っている企業に手を差し伸べる福祉的な面も自治体の大事な仕事であるのは間違いありません。

▶▶ 両にらみで集中と底上げを

「稼げるまちを目指すけど、福祉の観点も忘れないって、結局、どうすればいいの？　白黒ハッキリして！」と思うかもしれません。ですが、これこそ産業振興という仕事が抱える理想と現実の難しさです。つまり、両にらみで臨む必要があるということです。地域を「稼げるまち」にしていきつつ、そのために今いる誰かを見捨てるのではなく、みんなが幸せになるようにしていきます。地域の産業振興を担う業務とは、この両にらみを理解して適度なバランスのもとに仕事に取り組んでいくという葛藤と付き合い続けることだといってもいいでしょう。

選択と集中で稼げる企業だけ支援して完結するのではなく、稼げる企業が元気になることで、ほかの企業もひっぱり上げて一緒に元気になっていく、そして、そんな波及効果が地域に広がる前に既存の企業が息切れしないように下から支えて底上げもしていくのが産業復興です。

▶▶ 地域で異なる産業振興

地域の産業振興といっても、大企業の本社や有名な観光スポットがいくつもあるような東京都心の特別区と、コンビニやファストフードの支店もない地方の町や村とでは、前提となる環境も抱えている課題も異なります。

自治体の産業振興を担うには、抽象的な理想ばかり掲げて形式だけ整えるのではなく、地域を理解して、その特徴に合った施策を考え、運用していくことが必要です。自治体に適した目標やアプローチを見付け出して実践できるのは、自治体を知っている職員だけです。

皆さんの地域ならではの産業振興に、ぜひ取り組んでみてください。

1│2 ◎…産業振興の
仕事とは何だろう?

▶▶ 華やかさと地味な泥臭さがある仕事

　産業振興の仕事というと、華やかで楽しいもののような気がしません
か。確かに、賑やかな展示会に出たり、お祭りなどのイベントの一翼を
担ったり、運がよければ有名人を間近で見られたりすることもあります。

　でも、それは仕事のごく一部です。実際は地味なことが大半を占めて
いて、担当になってみて予想以上の泥臭さに驚く人も少なくありません。

　華やかさの代名詞である芸能界でも、役者は台本を地道に覚え、撮影
では NG のたびに撮り直しが続きます。ましてや俳優ではないスタッフ
は弁当や車両の手配、セットの設営や映像の編集などで苦労してヘトヘ
トになっても自分の名前はエンドクレジットに出なかったりします。自
治体の産業振興という仕事でいえば、企業こそが役者であって、職員は
あくまで黒子のスタッフです。

　そして、自治体の産業振興は、苦しい経営者を下支えする仕事でもあ
ります。おしゃれなパーティー会場でお酒を片手に談笑するのではなく、
町工場の一角の薄暗い事務スペースで深刻な話を聞いたり、イベントの
準備や事後処理のための書類作りや会計処理に追われたりするもので
す。

　目立たない地味な泥臭さの中でもがくことで、地域産業を華やかにし
ていく一助となるのが産業振興の仕事といえます。

▶▶ 関連する組織や業務の全体図

　産業振興の仕事に関連する組織を見てみましょう。

■産業振興に関連する組織

【民間部門】　○ 中小企業　　○ 個人の商店・職人　　○ 金融機関
○ 同業者の組合・商店会　　○ 商工会議所　　　など

【庁内の関係部署】	【その他の公的部門】
○ 広報担当　　○ まちづくり担当	○ 国（経済産業省など）
○ 文化担当　　○ 外郭団体	○ 都道府県
◎ 産業振興担当	○ 市区町村
（商業、工業、観光など）	

　第1に民間部門です。中小企業や個人の商店・職人などのほか、それらが集まった同業者の組合や商店会、商工会議所などがあります。

　第2に庁内の関係部署です。PRに関しては広報担当、企業の立地環境に関してはまちづくり担当、伝統工芸や観光に関しては文化担当などと関係することが多いです。産業振興担当の部署は、商業、工業、観光などが主な業務ですが、これらを1つの部署で担当していることもあれば一部を別の部署にしていることもあります。また、本庁の部署ではなく、産業振興事業団や観光協会などの外郭団体が一部の業務を担っている場合もあります。

　第3にその他の公的部門です。国や都道府県からの補助金を事業の財源にしたり、都道府県は市区町村の協力を得て事業を実施したりします。

▶▶▶ 1人担当というプレッシャーとチャンスがある

　自治体のほかの業務の場合、1つの業務を複数の職員がグループで担当する例があります。住民票や戸籍の業務は、何人かが担当して交代で窓口に出たり事務処理をしたりしているはずです。

　産業振興の業務では、1つの事業を1人の職員だけで担当するという例が結構あります。企画から運営、事後処理まで全てを1人でこなすことにプレッシャーを感じる職員もいますが、自分1人が担当しているからこそ、やりたいようにやれるチャンスが多い業務だともいえます。

1|3 ◎…産業振興担当の 1年と1日

▶▶▶1年間の流れ

　産業振興担当として、1年の流れを例示してみます。

　繁忙期は担当業務によって異なりますが、集客を要するイベントは一般的に春や秋に多く開催されるので、その時期が忙しいことが多いです。通年で同じ業務を繰り返すことは少なく、飽きることのない多様な経験を得ることができます。

■「伝統工芸の職人・地場産業の町工場」の支援を担当する職員の1年（例）

4月～6月	○ 新規配属または事務分担の変更に伴う業務引継ぎや関係者へのあいさつ回り ○ 前年度の業務の残務処理（支払い手続） ○ 前年度の決算・実績の確定	担当事業の実施
6月～9月	○ 来年度の予算要求に向けた情報収集、事業内容の検討・調整、予算額の積算	
9月～11月	○ 伝統工芸職人による実演・販売イベント ○ 町工場見学イベント	
12月～1月	○ 来年度の予算内示	
3月	○ 来年度からの事業の事前準備	

▶▶▶1日の仕事

　産業振興担当としての、ある1日（平日）の動きを例示します。所属の自治体や担当する仕事により異なることもあります。ただ、この例のように事務室の自席での事務作業のほか、企業の現場訪問などもあって、

様々なことを並行してこなす盛りだくさんの日々であることは多くの職員に共通することでしょう。

■「伝統工芸の職人・地場産業の町工場」の支援を担当する職員の1日（例）

出勤時 ・早朝 （事務室）	○ 朝のミーティングにて同僚とスケジュール確認 ○ 午後に実施する伝統工芸職人を顕彰する式典について、出席者数を追加したい旨のメールへの緊急対応
午前中 （事務室）	○ 事業紹介パンフレット（今年度分）作成の契約手続き ○ 伝統工芸品販売イベント向けの補助金の交付手続き ○ 民間主催の工場見学イベント企画に関する調査・検討
午前中 （現場）	○ 町工場を訪問し、交付した補助金で導入された工作機械の活用状況や経営状態のヒアリング・意見交換
昼休憩	○ 新メニューを開発した個人経営の飲食店で昼食
午後 （事務室）	○ 自席のパソコンで、国からの新たな交付金の案内などの受信メールのチェック ○ 伝統工芸品の展示施設のパネル作成費の支出手続き
午後 （会議室）	○ 伝統工芸職人を顕彰する式典の準備・運営 　（会場設営、出席者の出迎え、司会補助など）
午後 （事務室）	○ 庁内の他部署からの調査依頼への回答文の作成 ○ 事業紹介パンフレット（来年度分）作成の仕様の検討

▶▶ 夜間・休日の勤務

　産業振興担当の仕事は平日の昼間とは限りません。日中は中小企業や店舗が本業で忙しいので会議などは夜間開催が多くなりがちです。また、イベントは土曜・日曜などの休日に開催しなければ集客が見込めません。

　結果として、ときに残業や休日出勤も生じます。育児・介護などで残業や休日出勤が簡単でない場合、あらかじめ上司と話し、そのような機会が少ない仕事を担当させてもらうなど、事務の分担や進め方の工夫が必要です。遠慮せず早めに部署内で自分の都合を伝えて、皆で助け合って乗り切るようにしましょう。

1│4 ◎…産業振興担当に 必要なもの

▶▶ 公共の利益と企業の利益のバランス

産業振興の業務で最も必要なのが、公共の利益と企業の利益のバランスをとることです。どこまで自治体がやるか、どこまで企業のみの活動として自主的にやってもらうか、悩むことが多くあるでしょう。

ある企業が自社イベントの記事を自治体の広報紙に掲載してほしいと言ってきたら、どうでしょうか。意欲的な取組みは応援したいところですが、一企業の宣伝だけをするのは、ほかにも多くの企業がある中で公共としての公平性を問われかねません。また、ある企業が地域の子ども向けワークショップをやりたいと言ってきたら、どうでしょうか。ありがたい提案ですが、それが収益にならないうえに企業イメージアップや人材育成にもつながりにくいとすれば、企業のビジネスとしてはやる意義が乏しいかもしれません。また、これらへの対処法は後ほど触れますが、まずは「自治体がやるべきことか」、あるいは「企業が自分でやるべきことか」という公・民のバランスという問題点について、自ら気付けるセンスが何より重要です。

▶▶ 自由度の高い仕事を1人で担当する主体性

産業振興担当の業務は法律や条例に縛られるものが少なく、そして、1つの事業を職員が1人で担当することが多いため、担当職員がどれだけ主体的な姿勢で考えて業務に臨めるかが大事です。

産業振興の仕事をしていると、上司や企業の人に「あなたはどう考えるの？」と問われることが多くあります。法律や条例にルールが詳細に

書いてあることをやるのであれば、職員が自ら考える余地は少なくて済みます。また、複数の職員がチームで対応する場合は、自分1人だけでどうするか考える必要はありません。これに対して、1人で担当するということは、事業の目的に沿うかどうかという解釈を担当職員が自分1人でするので、他人の意見を待つのではなく、自らどう考えるかという姿勢を持ち、それを主張できることが必要です。

▶▶仕事を理解して楽しめる好奇心

　町工場の製品や伝統工芸職人の工芸品、商店街の飲食店や小売店、観光イベントなどに関心がありますか。どれくらい強く関心を持てるかは、仕事の出来や関係者とのコミュニケーションに大きく影響してきます。

　趣味や価値観に全く共通するところがない人と友達になるのは難しいように、地域の企業や観光スポットにあまり興味が持てないと、理解は深まらず、仕事も楽しめず、地域の人々にもその関心の薄さが伝わってしまうものです。今まで知らなかったり興味がなかったりしたことでも、詳しく見たり聞いたりしてみると意外な面白さに気付けることもあります。まずは先入観を捨てて踏み込んでみて、自分なりの好奇心を抱けるところを見付け出してみましょう。好きこそものの上手なれ、です。

▶▶現場第一で実情を知る態度

　経済活動は、役所の事務室ではなく、現場の町工場や店舗で行われています。町工場や店舗のための仕事をするのに、その工場や店舗に行ったこともなく、当事者と話したこともないのでは、適切に施策を進められるはずもありません。現場を見て、現場の人の話を聴いたうえで、自分たちは何をすべきか、企業には何を求めるべきかを考え、行動することができるようになります。

　産業振興担当の職員は、職場の建物内にいるだけでは仕事になりません。自身の仕事に関係する現場、関連する企業やイベント会場などにまめに足を運び、現場を知ることがとても重要です。

1|5 ◎…産業振興担当に必要なコミュニケーション能力

▶▶ 相手の話を正しく聴き取る力・訊き出す力

　産業振興担当は様々な人々と関わる業務なので、コミュニケーションの機会が多くあります。流暢に説明をしたりクレーム対応をしたりする力も必要ですが、中でも重要なのは「聴く力・訊く力」です。

　自分の事情ばかりをよどみなくしゃべれたところで、企業や同僚の話をきちんと聴いて理解できなければ、独りよがりなだけでいい仕事はできません。相手の話を正しく聴き取る力が必要になります。

　そこで、相手の言葉を鵜呑みにせず、同じ言葉でも、「相手の使う意味と自分の思う意味が違うかもしれない」と疑ってみてください。わかったつもりで曖昧に済ませると、誤解したまま仕事を進めることになり失敗につながります。例えば、地域貢献を語る企業の提案内容が、本当は企業自身の利益だけを考えた内容かもしれません。言葉の裏側も含めて聴き取ろうと努め、自分が理解しきれず誤解が生じていそうな点に気付いて質問し、真意を訊き出して互いの認識を一致させることが重要です。

　また、できる職員は普段からアンテナを立てていて、自分に話し掛けられていなくても、周囲の人が誰とどんな会話をしているか聴き取っています。それができないと、自分がこれから関わろうとしている企業が、別の職員ともめているのに気づかず話を進めようとしてしまい、「知らなかったの？」と後から言われて困ることになるかもしれません。

▶▶ 合意を得るために調整する力・交渉する力

　産業振興の業務は比較的法令に縛られず、自由度が高いだけ、法令を

根拠に話を押し通すこともできません。食い違う関係者の意見を理解して、どうすれば全員が納得できる落としどころに持っていけるかを考え、調整・交渉をして着地点を見付け出していく力が重要になります。

そこで意識してほしいのは、柔軟に考えることです。関係者がそれぞれに期待するゴールが何か、譲れそうなところが何かを見極め、どこを押してどこを引けばいいか見えてくれば交渉はまとまります。それには案件自体を理解するだけでなく、関係者の性格や言葉遣いへの配慮も必要です。相手の話を聴きながら自分が話す方向性を考え、話をしながら表情など相手の反応を観察して話の中身を柔軟に修正し、使う言葉や文脈を変えられるようになると、交渉が進みます。

ところで、企業の人々は自治体職員とは立場が違うということも忘れないでください。公務員は安定的に給与を受け取れますが、企業経営者や店長などは自身の判断で経営が左右される不安定な立場のうえ、従業員の生活も背負っています。そのような責任の重さや不安定さを理解し、受け止めて話を聴くようにすると同じ話も違って聴こえてきます。

▶▶ 親近感を持たせる人間味

聴き取り、訊き出し、調整・交渉ができるとしても、それらの中身が正しいだけでは、うまくいかないことが往々にしてあります。見せる態度や使う言葉で相手に事務的な印象を与えてしまう場合です。

人間は感情を持った生き物であり、正しさだけでは動きません。特に中小企業や商店街などで地域に根差して働いている人々は、合理的なビジネスライクよりも、むしろずっと庶民的で人間的な付き合いを求めがちです。担当職員が無表情で雑談もせず、ただ仕事の用事だけを話したり聞いたりして、それ以外は無反応か慇懃無礼な反応しかしないような人だと、地域の人に親近感を持ってもらえず信頼もしてもらえません。礼儀はわきまえつつも、冗談を言ったりプライベートな話題に興じたりすることもときには必要です。

自治体職員という立場があっても、生身の1人の人間としてオープンに接することは、地域の人に受け入れてもらうためにとても大事です。

COLUMN・1

名刺が足りない！

自分の名刺は何枚持っていますか？

　皆さんは自分の名刺を手元に何枚ほど用意していますか？

　内部管理などの部署を担当する職員の場合、そもそも自分の名刺を用意せず必要なときだけ庁内のプリンターで印刷して済ませているかもしれません。

　産業振興担当の部署に配属が決まったとき、外部の人々と接することが多い仕事だと思ったので新たに名刺を作りました。別の部署にいた当時は1箱100枚あれば数年間は何とかなっていたので、ひとまず1箱分100枚です。

　そして、配属1年目。最初の数か月だけでみるみるうちに名刺はなくなり、あっという間に1箱分が尽きそうに。慌てて追加注文しました。それ以来、名刺は数百枚単位で机の引き出しに用意しています。

こんなに頼んでくる人は珍しい

　名刺交換をする相手は、担当事業に直接関係する方々だけではありません。街中やイベントで出会う地域内外の企業の人々などと挨拶をする機会も絶えずあります。ちょっと気を抜いて名刺入れに補充するのを忘れていると、現場で「名刺が足りない！」と気づいて慌てふためくこともしばしば。それ以来、名刺入れのほかにも手帳などに予備の名刺を何枚か入れておくようにしています。このやり方を見た後輩職員も真似をしているようです。

　現在、私の机の中には交換した相手の名刺が1,000枚以上。

　庁内で名刺の手配を担当している職員に、ある日、言われました。

　「こんなに名刺を注文してくる人は珍しいです」

　それが産業振興担当の職員というものです。

第 2 章

地域産業の基礎知識

本章では、理解しておきたい背景知識として、産業に関する歴史、法律、国・自治体・民間の組織のほか、工業・商業・観光分野の専門用語、地域住民にとっての常識について取り上げます。

2｜1 ◎…「歴史」で
全国的な流れを
つかむ

▶▶ 経済の歴史の概略を知る

　企業の経済活動には、今までの歴史があり、その影響を受けて現在の
経営に至っています。**担当職員として企業の人と関わるのに際して、そ
もそも日本経済の歴史がどんなものだったのかを概略程度には知ってお
いたほうがいいでしょう。**

　学校の歴史の授業や試験ではないので、何年に何が起きたかを正確に
覚えている必要はありません。経済の出来事や流れを大まかに知ってい
れば十分です。

▶▶ 江戸時代までに育った伝統工芸

　江戸時代までの産業といえば、ものづくりとしては伝統工芸のような
手工業でした。その歴史の古さは工芸によってまちまちです。例えば、
京都の西陣織がその基礎を築いたのは室町時代とされている一方、東京
の江戸切子は江戸時代後半に始まったとされているので、その差は約
400年もあります。

　経済産業大臣が指定する「伝統的工芸品」の場合には、「技術、原材
料が100年以上受け継がれている」ことが条件の1つです。この「伝統
的工芸品」の指定は、「伝統的工芸品産業の振興に関する法律（伝産法）」
に基づき行われるため、条件をクリアした工芸品のことを、法律名から
「伝産」と略したりします。ただ、一般的には、この「伝産」になって
いなくても「伝統工芸」と呼ばれているものもあり、指定されている工
芸の職人はこの条件にこだわっていることがあるので注意が必要です。

▶▶ 明治時代以降に発達した機械工業

国内産業の基盤が最初に形作られたのは江戸時代末期から明治時代にかけて、開国に伴ういわゆる「富国強兵・殖産興業」によるものです。この時期に、昔ながらの手工業から機械を使って大量生産をする軽工業へ、その後はさらに重工業へと変化していきました。

伝統工芸ではない近代的な製造業で、この時期から100年以上続く企業も多くあります。例えば、IHIの前身となる造船所は幕末の1853（嘉永6）年創業、王子製紙の前身の会社は1873（明治6）年設立、セイコーの前身が時計工場を設立したのは1892（明治25）年、森永製菓の前身の会社は1899（明治32）年設立です。

明治以降の日清戦争、日露戦争、第一次世界大戦と続く大きな戦争に伴って各種の産業は発展してきました。阪神地区で明治期に住友金属工業（現日本製鉄）の前身や神戸製鋼所などが、東京・横浜地区では大正から昭和初期にかけて味の素の前身や日清製粉などが工場を建設しています。中京地区では1937（昭和12）年にトヨタ自動車が設立されました。工場が東京や阪神など一部の地域に集中するのに伴い、周囲に商業サービスも集まって人口が増え、今に続く都市化が進んできたのです。こうした地域では、当時からの商工業がまちの特徴となっている一方、その後の時代の変化に伴い集積が失われつつあるところもあります。

▶▶ 戦後の高度経済成長で拡大する家電・日用品産業

第二次世界大戦が終わってしばらくの混乱の後、1954（昭和29）年頃から1973（昭和48）年頃の間に、いわゆる高度経済成長期を迎えました。1955（昭和30）年にソニーの前身が国産トランジスタの本格的な生産を始め、その後、ラジオ・テレビなどの家電機器の生産が拡大しました。人口増もあって衣料品などの日用品の大量消費も進み、代表的なスーパーマーケットとして知られる「ダイエー」の1号店が1957（昭和32）年に開店しました。これに加えて、自動車などの海外輸出も増加していきました。

70代以上の年齢の経営者や店長は、「作れば作るだけ売れた」とか「商店街の人通りが多すぎて前に進めないくらいだった」とか、景気のいい時代の記憶を懐かしげに語ったりします。高齢の経営者は右肩上がりの時代を体験してきた人々であることは、知っておいたほうがいいでしょう。

高度経済成長期は企業や国民が経済的に豊かになったというプラス面だけではありません。工業化で公害が発生したり、大規模商業施設の建設に一般小売店からの反対運動が起きたり、経済活動が東京などの大都市周辺に集中して地方が過疎化したりし始めたのが、この時期からです。このような負の歴史は地域に爪痕を残していたりするので、自治体の職員が知らないと不勉強だと思われてしまいます。

▶▶▶バブルの到来と崩壊による地域の企業への影響

1986（昭和61）年頃から異常な好景気ともいえるバブル景気を経験した後、1991（平成3）年頃にバブル崩壊を迎えました。国内の人口は減少傾向となり、中国をはじめとするほかのアジア諸国が経済的に台頭してきて日本の優位性が崩れてきたのが、この頃です。工場は海外移転が進み、国内産業が空洞化していきます。

バブル崩壊の後に働き始めた主に40代以下の年齢の人々は、好景気でいい思いをした経験をしていない世代です。そのため、景気に対してあまり期待しない冷めた見方をしがちかもしれません。それは悪くいえば大きな夢を見ないともいえますが、よくいえば自分の力で道を切り開いていくしかないと覚悟しているともいえます。

ところで、70年代までの高度経済成長期や80年代のバブル景気の際に既に事業を行っていた経営者の中には、その時期の収益で不動産を取得して本業以外の家賃収入を得るようになり、その後の経営の支えにしている人もいます。本業のみで家計を支える収入源にできているとは限らないので、外見上の生活水準だけを見てその産業が十分に稼げていそうだと安易に決めつけないように注意しましょう。

▶▶ 低成長が続く時代の変化

バブル崩壊後の景気は上下の変動があるものの、一般国民や中小企業は好景気を実感できない時代が長く続いています。このため、国内産業を活性化させる目的で観光産業が注目されています。

また、インターネットや携帯電話が爆発的に普及して、日本人の生活スタイルは大きく変わってきましたが、今でも電子メールを使わず（使えず）にファックスで仕事をしている中小企業の人もいます。生まれたときからスマートフォンやパソコンが身近にある世代と、働き始めた頃には携帯電話はなくて書類もワープロか手書きだった世代とでは、ものの捉え方が異なることもあるのは理解しておいたほうがいいでしょう。

若手の人だけでなくベテランの人も、インターネットやSDGsなど新しい状況への対応を常に求められているので、担当職員もともに学び、取り組んでいかなければなりません。

■産業に影響を与えた世の中の事情

1954 年（昭和 29 年）	高度経済成長の始まり
1957 年（昭和 32 年）	代表的なスーパーマーケット「ダイエー」1 号店の開店
1964 年（昭和 39 年）	東京オリンピック
1973 年（昭和 48 年）	石油ショック（高度経済成長の終わり）
1974 年（昭和 49 年）	大規模小売店舗法の施行
1986 年（昭和 61 年）	バブル景気
1991 年（平成 3 年）	バブル崩壊
1995 年（平成 7 年）	インターネット普及の契機となったマイクロソフトのソフト「Windows95」発売
2000 年（平成 12 年）	大規模小売店舗立地法の施行
2005 年（平成 17 年）	日本の人口が戦後初めて減少
2007 年（平成 19 年）	観光立国推進基本法の施行
2010 年（平成 22 年）	日本のＧＤＰが中国に抜かれて世界３位に
2013 年（平成 25 年）	オリンピック 2020 年大会の東京開催決定
2015 年（平成 27 年）	持続可能な開発目標（SDGs）を中核とする「持続可能な開発のための 2030 アジェンダ」を国連サミットで採択
2018 年（平成 30 年）	訪日外国人が 3000 万人を突破

◎…「法律」で基本的な定義・規制を把握する

▶▶▶ 中小企業振興に関する法律

　産業振興の仕事は、戸籍などの自治体のほかの仕事に比べて法律で決められていることは多くありません。しかし、法律がないわけではなく、様々な分野の法律が絡んでいます。担当職員として知っておきたい法律について見ておきましょう。

　中小企業振興に関する法律としては、「中小企業基本法」があります。国が中小企業施策の基本理念・基本方針などを定めたものです。あくまで理念を掲げたものなので、実務上で参照する機会は少ないかもしれません。しかし、この法律の中で「中小企業」等の定義が定められています。皆さんが接する機会の多い企業の人々が、具体的にどのような規模なのか確認しておきましょう。

■中小企業の定義（中小企業基本法 第2条第1項）

製造業 その他	資本金の額または出資の総額　3億円以下 または　常時使用する従業員の数　300人以下
卸売業	資本金の額または出資の総額　1億円以下 または　常時使用する従業員の数　100人以下
小売業	資本金の額または出資の総額　5千万円以下 または　常時使用する従業員の数　50人以下
サービス業	資本金の額または出資の総額　5千万円以下 または　常時使用する従業員の数　100人以下

■小規模企業者の定義（中小企業基本法 第2条第5項）

製造業、　その他	従業員20人以下
卸売業、小売業、サービス業	従業員　5人以下

　なお、「法人税法」では中小企業軽減税率の適用範囲を資本金の額が1億円以下としているなど、法律や制度によって「中小企業」の定義は異なることもあります。その都度**業務の基本となる法や制度の定義は確認するよう注意が必要です。**

　「中小企業基本法」は国の法律であるのに対して、これに類似するものとして自治体が独自に定めている中小企業振興に関する理念や関係者の責務を定めた条例もあります。東京都墨田区が「中小企業振興基本条例」を1979（昭和54）年に制定したことを皮切りに、その後に各地で制定が進んで、全国の46都道府県・439市区町村で制定されています（2019年5月現在　中小企業家同友会全国協議会調べ）。これらも理念条例なので、自治体の中小企業振興の基本方針や自治体の責務、企業や住民の役割を抽象的に定めたものです。その文言によって自治体や企業が許認可等の明確な権限や義務を有するものではありません。

　このほか、中小企業振興に関する法律としては、小規模企業振興の基本原則・基本方針を定めた「小規模企業振興基本法」、中小企業が融資を受ける際の保証に関する「中小企業信用保険法」、地域経済への波及効果につながる代表的な企業の支援に関する「地域未来投資促進法（正式名称：地域経済牽引事業の促進による地域の成長発展の基盤強化に関する法律）」などがあります。

▶▶商店街組織に関する法律

　商業振興に関する法律としては、商店街組織の法人化に関するものがあります。商店街は法人化していると信用性が高まり、金融機関からの融資や行政からの補助金などが受けやすくなります。地域で「○○商店街」と呼ばれている場所は、あくまで地域での呼称なので、その商店街が法人になっているとは限りません。

　法人化している商店街には、古くからある「中小企業等協同組合法」に基づくものと、その後に制定された「商店街振興組合法」に基づくものがあります。前者の協同組合は大企業の大型店などは加入できないのに対して、後者の振興組合は一定数の店舗が近接している地区内であれ

ば大企業も加入できるのが大きな違いです。ただし、振興組合は市・区のみで設立でき、町・村では設立できません。

　一方で法人化をせずに任意団体として活動している商店会も多くあります。また、振興組合や商店会のような商店街組織があるとしても、その地域の全ての店舗がその商店街組織に加入しているとも限りません。

　そこで、商店街がある地域に立地する店舗などに商店街組織への加入を促す条例を設けている自治体もあります。東京都世田谷区では「産業振興基本条例」の一部を改正して2003（平成15）年に初めて導入しました。ただ、商店街振興組合法の第4条で加入・脱退は任意でできることが原則とされており、加入を強制することまではできず、あくまで加入に努めることを規定したものとなっています。

▶▶▶大規模小売店舗に関する法律

　ショッピングセンターなどの大規模小売店舗の出店に関する法律として、「大規模小売店舗立地法（略称：大店立地法）」があります。大規模小売店舗の出店によって、周辺地域の交通や騒音などの生活環境に及ぼす影響を抑えるための法律です。大規模小売店舗を計画中の企業による都道府県への事前の届出や地元説明会の開催の義務について定めています。

　改正前の「大規模小売店舗法（正式名称：大規模小売店舗における小売業の事業活動の調整に関する法律／略称：大店法）」は、周辺の中小小売店の事業活動の保護を目的として、大規模小売店舗の売場面積、開店日、閉店時間などを規制する法律でした。これに対して、現在の「大店立地法」は、大型店の自由な参入を制限せず、出店の内容自体を審査・規制するものではなくなっているため、地域の中小小売店を守るものになっていないとの声も挙がっており、賛否両論があります。

▶▶▶工場や店舗の立地、まちづくりに関する法律

　工場や店舗の立地に関する規定として、「都市計画法」が定める用途

地域があります。市街地内の指定された用途地域によって、その地域内に建てられる建物の種類や大きさ、高さなどが制限されます。13種類ある用途地域のうち、主な地域における制限は次のとおりです。

■主な用途地域における制限（都市計画法第8条、建築基準法第48条）

第一種低層住居専用地域	工場・店舗などは建てられず、住宅を中心とする地域
商業地域	工場は建てられず、店舗・住宅は建てられる地域
準工業地域	環境悪化をもたらすおそれのある石油コンビナートなどの工場は建てられず、その他の工場・店舗・住宅は建てられる地域
工業地域	どんな工場も、店舗・住宅も建てられる地域
工業専用地域	店舗・住宅は建てられず、工場を中心とする地域

　商業地域は住宅と店舗が混在し、準工業地域と工業地域は住宅と店舗・工場が混在し得ることから、騒音などによる環境問題や近隣トラブルが起きることがあるので留意しなければなりません。

　産業振興施策の一環として工場や店舗を誘致しようとする場合、候補としている地域にどのような規制がかかっていて、どんな建物が隣に立つ可能性があるか把握しておく必要があります。自治体の都市計画図を庁内の担当部署に見せてもらうかインターネットで検索すれば、用途地域を調べることができます。

　また、中心市街地の活性化に取り組む自治体を支援するための「中心市街地活性化法（正式名称：中心市街地の活性化に関する法律）」や、周辺環境を壊さずに工場を適正に建てるための「工場立地法」などもあります。

　このほか、観光に関する法律には観光施策の基本理念などを示した「観光立国推進基本法」や旅行取引・宿泊施策に関する「旅行業法」「旅館業法」などがあります。

　それぞれの産業の分野ごとに様々な法律があります。言葉の定義や規制などを押さえるためにも、担当分野の法律はチェックしてみましょう。

2/3 ◎…「組織」の棲み分け を意識する

▶▶ 国における産業振興に関する組織

　産業振興の事業は、自治体だけで取り組んでいるわけではありません。どこの地域でも、そのほかの公共機関や民間団体なども類似の目的を持って動いていて、大なり小なり関わりを持つことがあります。

　産業振興に関する国の主要な官庁は「経済産業省」です。その出先機関として各地方に「経済産業局」（略称：経産局）があり、産業振興担当の自治体職員は実務的に「経済産業局」と関わることが多いです。そのほか、「経済産業省」の外局として中小企業の育成・発展について所管する「中小企業庁」（略称：中企庁）や、「経済産業省」が所管する組織として、工業技術の研究開発を担う「産業技術総合研究所」（略称：産総研）、独立行政法人である「中小企業基盤整備機構」（略称：中小機構）や「日本貿易振興機構」（略称：ジェトロ）もあります。また、観光について所管するのは、「国土交通省」の外局である「観光庁」です。

　これらの組織の役割分担について、厳密な理解はそれほど必要ありません。しかし、上記のような機関が国にあり、自治体の産業振興事業と重複し得る事業に取り組み、かつ、自治体の事業の財源の一部を担っていることを知っていることが大事です。

▶▶ 財源・施策展開で協力する広域的な国との関係

　財政的に豊かな自治体は全国を探してもほとんどない昨今、思い切った予算規模で事業に取り組みたいとなれば、財源をどうするかが大きな悩みになります。そこで特定財源、つまり、国などからの補助金や交付

金をどれだけ活用できるかということになります。ちなみに、市区町村は、財源という点では後述する都道府県に頼ることもあります。

ただ、国との関わりは何も財源だけではありません。自治体の区域を超える横断的な課題に取り組んだり、国内でも先進的な事業に取り組んだりする場合には、国の協力を得ることもあります。それが先行事例になって、国が全国的な施策に展開していくこともあるかもしれません。

機会があれば、ご自身の地域を担当する国の担当者と会えるといいでしょう。すぐに何かに役立つとは限りませんが、そのようなパイプを持って広い視野で情報交換・意見交換ができることは、特に管理監督者級の職員にとっては貴重なことです。

▶▶▶ 同じ自治体の組織

自治体における産業振興に関する組織は、主に商業、工業、農林水産業、観光、労働・雇用などを担っているものの、組織内の組み合わせは一様ではありません。規模の大きな東京都の場合、産業労働局と中央卸売市場があり、産業労働局は、総務部、商工部、金融部、観光部、農林水産部、雇用就業部の6部で構成されています。一方、東京都台東区の場合、文化産業観光部と産業振興担当があり、文化振興も同一組織に含まれていますが、農林水産業の専門部署はありません。

また、自治体においても庁内組織だけでなく、産業振興事業団や観光協会といった外郭団体を抱えていることがあります。その役割分担は自治体ごとに違い、東京都墨田区のように、観光については観光協会があっても商工業振興については外郭団体を持たないところもあります。ご自身の所属する自治体がどんな体制をとっているのか確かめ、外郭団体がある場合にはご自身の担当業務との役割分担を理解しておきましょう。

▶▶▶ 付き合いの多い都道府県と市区町村

都道府県と市区町村は、より地域に近い自治体という立場なので、国の組織よりも互いに付き合う機会は多いかもしれません。

国、都道府県、市区町村は、実は性質としては似たような事業を同時にやっていることが結構あります。しいていえば、より規模の大きい官庁は、より多額の予算で高額な補助金などの制度を設け、市区町村は、少ない予算でも地域に寄り添ったきめ細かな対応をしています。**互いの事業に注目し、屋上屋を架すのではなく相乗効果を発揮できるように連携していけることが理想です。**

▶▶ 特定の業種による業界団体

　民間の団体には各業種の業界団体があり、業界の発展のための活動をしています。全国規模の団体もありますが、自治体が関わることが多いのは、その地方支部や地方独自の業界団体です。東京都内の場合は、繊維工業であれば東京ニットファッション工業組合、ガラス製造業であれば東部硝子工業会、運輸業であれば東京都トラック協会など、多くの業種が同業で団体を構成しています。

　業界団体の種類や数は地域特性によって違うので、ご自身の自治体の地域や担当業務に関わる団体や関係者は、ある程度把握しておくとよいでしょう。不況下で企業の減少のあおりを受けて、業界団体が解散したり機能を果たせなくなって形骸化したりしている例もあり、現在の自治体の産業振興施策への影響力は千差万別です。ただ、今でも一定の規模を頑張って維持して力を持つ業界団体は地域産業にとって重要なプレーヤーなので、施策を実施する際には何かと配慮が必要になります。

▶▶ 業種を超えた経済団体

　民間の団体で業種を超えた経済団体といえば、日本経済団体連合会（経団連）などの経済三団体が有名ですが、自治体が関わるのは、中小企業によって構成される日本商工会議所や全国商店街振興組合連合会に属する各地域の団体のほうが多いでしょう。

　日本商工会議所を組織している各地の商工会議所は、一定の地域内の商業・工業の企業によって組織された団体で、自治体や中小企業と密接

な関係にあります。商工会議所自体が会員企業をサポートする役割を担い、経営相談を受けたりセミナーを開催したりしていますし、自治体によっては事業の一部を会議所に委託することもあります。

2-2で解説した商店街振興組合も、全国商店街振興組合連合会を組織しています。

これらの経済団体は一定の規模と発言力があります。自治体が産業振興施策の大幅見直しや廃止を行ったり重要な新規事業を始めたりする前には、事前に情報交換や意見交換をしておくことが必要です。

▶▶ 様々な立場が集まって構成する実行委員会

担当業務によっては、実行委員会や協議会などと称される団体と関わることがあります。これらは前述の経済団体や業界団体と違い、「市民まつり実行委員会」などのように、特定のイベントなどを実施するために様々な立場の人々を集めて構成されるものです。このような実行委員会は純粋な民間団体というより、公的な取組みを実施するのに際して自治体組織が直接行うのは運営面などで不都合があることから、より柔軟に動けるように設けられています。

これらの実行委員会と自治体との距離感は、それぞれの設立経緯や地域事情によって異なります。実行委員会の事務局を自治体職員が務めていれば自治体主導の色合いが濃く、自治体職員ではない専従職員やボランティアが務めていれば、より地域の人の自立度が高く、自治体はサポート側だと考えてよいでしょう。この違いによって担当職員の関わる度合いや事務量も変わってきます。

ちなみに、事務局として自治体職員が実行委員会の予算管理をしている場合、口座の通帳や印鑑を職員が管理していることがあります。それなりの金額を預かることになるので、実行委員会の自立化と職員の不正行為防止のためにこれらの管理を職員ではなく実行委員会の会長などが管理するところもあります。その場合、職員は管理者に任せきりにするのではなく収支状況と残額を定期的にチェックすることが必要です。

2|4 ◎…「専門用語」を知って、地域の人との会話を理解する

▶▶ 質問と検索で専門用語を学ぶ

　産業振興の分野もほかの分野と同様に、その業界特有の専門用語や略語があります。配属したての頃は、同僚や来客との会話に時折入り交じる言葉の意味がわからず戸惑うことも多いでしょう。

　業界の人向けの書籍やホームページに用語解説があることもありますが、それらにあらかじめ目を通して覚えるよりも、働きながら現場で覚えていくのが、おそらく一番効率的でしょう。**大事なのは、会話や書類に出てくる意味不明な用語を聞き逃さず、見逃さず、そのままにしないことです。**その場で口を挟んで質問することはできなかったとしても、今は便利なインターネットという武器があります。後でスマホやパソコンで検索すれば、大抵の用語の意味は調べられます。そうやって知識を増やしていければ、自ずと会話の意味を理解できるようになり、より中身のある会話を交わすことができて業務内容の充実にもつながっていくでしょう。

　まずは、知らないことを恥ずかしがらず、そして、知らないことを放置せず、貪欲に質問し、検索してみてください。面倒な作業を続けていれば、そう遠くないうちに必要な知識は身についていきます。

　ここでは、ある程度最初の段階で知っておきたい産業振興の用語を例示します。全てをここに網羅することはできないので、あくまで例示です。

　実務に際しては、担当業務や関わる方々の事業内容によって、ありとあらゆる専門用語や略語が飛び交うものです。普段からニュースや流行の情報を気に掛けて、新しく登場する言葉をいち早く覚えるようにする

とよいでしょう。

▶▶▶一般的な制度などの用語

　まず、商業・工業・観光などの分野別ではなく、全般に使われる用語の例を挙げます。

■産業振興全般に関係する用語

個人事業主	法人を設立せずに個人で事業を行う人。
事業再構築補助金	中小企業による新分野への展開、事業転換などの思い切った事業再構築に対する、経済産業省の補助金。
持続化補助金	「小規模事業者持続化補助金」の略。小規模企業による販路開拓や業務効率化の取組みに対する、経済産業省の補助金。
下請け	ある企業が引き受けた仕事の全部または一部を、別の企業が引き受けること。
知的財産権	特許権、実用新案権、意匠権、商標権などのこと。「知財」と略されることもある。
中小企業診断士	中小企業の経営課題に対応するための診断・助言を行う専門家。「診断士」と略されることもある。
B to C	「Business to Consumer」の略。企業が個人にモノを売る取引。（例）化粧品メーカーと化粧品を使う一般消費者との関係。
B to B	「Business to Business」の略。企業が企業にモノを売る取引。（例）金属部品をつくる町工場と自動車メーカーとの関係。
ビジネスマッチング	企業が取引先を見付ける場、または、そのような場を提供するサービス。
もの補助	「ものづくり・商業・サービス生産性向上促進補助金」の略。中小企業による設備投資（工作機械の購入など）に対する、経済産業省の補助金。
6次化	「6次産業化」の略。農林漁業者（1次産業）が食品加工（2次産業）、流通販売（3次産業）にも取り組んで生産物の価値を高めること。

◎…各分野の「専門用語」を知って、さらに深く理解する

▶▶▶ 工業分野の用語

　ここでは、町工場の現場をはじめとする工業の分野で使われる一般的な用語や、金属・プラスチック・革の加工業で使われる用語の例を挙げます。昔から使われている言葉から新しく生まれた言葉まで、様々な専門用語があります。

■工業分野に関係する用語

アセンブリ	機械などを組み立てる作業。
ＩｏＴ	「Internet of Things（モノのインターネット）」の略。あらゆるモノをインターネットに接続すること。
ＳＰＡ	「Speciality store retailer of Private lavel Apparel」の略。自社で企画したアパレルブランド製品を自社店舗で直販する、製造と小売が一体化した業態。
ＮＣ旋盤	数値制御（Numerical Control）で自動的に加工する旋盤。
ＯＥＭ	「Original Equipment Manufacturer」の略。発注者のブランドで販売される製品を製造すること。
オープンファクトリー	工場を公開して来場者に見てもらう取組み。
金型	金属やプラスチックなどの製品を大量生産する際に使う型枠。
川上（かわかみ）	原材料や素材の製造段階。
川下（かわしも）	最終製品を小売する段階。
ＣＡＤ（キャド）	「Computer Aided Design」の略。コンピューターを利用した設計、またはそのためのソフト。
検品	製品の品質や数に問題がないか検査すること。
治具（じぐ）	加工する際に製品を固定する道具。
射出成形	プラスチックを溶かして金型に入れ成形する方法。

住工共生	工場が多かった地域の工場跡地が住宅になる状況の中で、工場と周辺住民が良好な関係を持つこと。
真空成形	プラスチックを真空状態で加圧して成形する方法。
漉き（すき）	革の厚さを調整するために削る作業。
3Dプリンター	電子データによって樹脂などを薄く積み重ねたりすることで、立体を造形できる機械。
ティアワン	メーカーから直接受注している1次請け。ティアワンから直接受注している2次請けは、「ティアツー」。
鞣し（なめし）	動物の「皮」を皮革製品に使える材料としての「革」にする基本的な工程。
バリ	製品を加工した際に素材の表面などにできる不要な部分。
板金	金属の板を切ったり曲げたりして成形する方法。
ファブラボ	3Dプリンターなどの工作機械を一般人が利用できる施設。
ファブレス	自社で製造設備を持たずに外部の企業に完全に委託して製品を製造するメーカー。
プレス	金属などを金型に入れて圧力を掛けて成形する方法。
マシニングセンタ	複数の種類の金属加工を1台で自動的にできる機械。
メッキ	材料の表面を金属の薄い膜で覆う処理。漢字では「鍍金」。
ライン	工場内で製品を生産する一連の設備。
ロット	同一製品の数量。

▶▶商業分野の用語

　産業振興の中で商業と観光は、基本的にその地域や地域内の飲食店・小売店に人々が来て成立するものなので、近い関係です。また、工業分野は業種が違えども「ものづくり」という製造業であるのに対して、商業分野は飲食業・小売業だけでなく、製造業やサービス業の店舗も含まれます。

■商業分野に関係する用語

アーケード	道路を覆った屋根、または屋根で覆った道路。これにより商店街は天候に左右されずに集客を図ることができる。

買い物弱者	高齢者や障がい者、妊婦など身体的理由などで買い物が自由にできない人。
キャッシュレス決済ポイント還元事業	特定の店舗でキャッシュレス決済を利用した消費者にポイントが還元される事業。消費刺激策として、自治体と企業が共同で行う取組み。
個店（こてん）	1つの店舗。商店街やチェーン店など複数の店舗の集合と対比する場合に使う用語。
コミュニティビジネス	地域の課題解決を目的とした非営利のビジネス。
コンパクトシティ	中心市街地の空洞化や郊外開発費の負担の問題などから、狭い地域内に都市機能をまとめようとする考え方。
三方よし(さんぽうよし)	近江商人の行動原理として有名な言葉である「売り手よし、買い手よし、世間よし」のこと。商業者、消費者、地域の三者の利益がバランスよく保たれることを意識して使われる言葉。
チャレンジショップ	商売を始めたい未経験者に対して、店舗の一部や全部を時間や日替わりで貸すことで試験的に店舗の営業を経験してもらう仕組み。空き店舗対策や創業支援策の1つ。
バルウォーク	おつまみ程度の金額に使えるチケットをセットで事前販売し、地域の飲食店をはしごすることを促す取組み。「商店街活性化策の三種の神器」といわれる取組みの1つ。
100円商店街	店頭に100円の商品を準備して、店内で決済することで店の敷居を下げる取組み。「商店街活性化策の三種の神器」といわれる取組みの1つ。
プレミアム付商品券事業	自治体や商店街単位で発行される商品券を流通させる事業。商業振興や福祉など、その事業目的によりプレミアム率や取扱店舗などが変化する。
まちゼミ	店主が店内でプロの知識・経験などを講義することで顧客を発掘する取組み。「商店街活性化策の三種の神器」といわれる取組みの1つ。

▶▶ 観光分野の用語

　観光の対象には歴史文化や自然環境も含まれるので、産業という経済活動に限らず、いずれも広い分野にわたっているのが特徴です。

■観光分野に関係する用語

インバウンド	外国から観光客が来日すること。
関係人口	地域に愛着を持って多様に関わる人々。
クールジャパン戦略	日本のアニメやポップカルチャーなどが外国から「クール（かっこいい）」と捉えられることを活用し、日本のファンを増やそうという考え方。
交流人口	主に観光などで地域に訪れる人々。
産業観光	工場などの産業に関する場所を対象とする観光。
聖地巡礼	アニメ・マンガ・映画などの舞台をファンが訪ねること。
DMO	「Destination Management ／ Marketing Organization」の略。観光地域づくりを担う法人組織。
ダークツーリズム	災害や戦争の跡地などに関する場所を対象とする観光。
ハラール	イスラム教の教えで口にすることを許された食材や料理。イスラム教徒の観光客への対応で注目されている。
B級グルメ	安価でおいしく、地域に愛される料理。
フィルムコミッション	地域活性化を目的として映画・ドラマなどのロケ撮影を支援する非営利団体。
MICE（マイス）	「Meeting」「Incentive Tour」「Conference ／ Convention」「Exhibition ／ Event」の頭文字をとった総称。企業や専門家による会議・研修・展示会などでの来街者を、観光客として取り込むために注目されている。
マイクロツーリズム	自宅から約1〜2時間の移動による近距離での観光。
民泊	ホテルや旅館ではなく、個人の住宅や空き家などに旅行者を宿泊させるサービス。
ユニークベニュー	美術館・博物館など特別感や地域特性を演出できる会場。
ゆるキャラ	「ゆるいマスコットキャラクター」の略。地域PRを目的としたキャラクターは「ご当地キャラ」とも呼ばれる。

2|6 ◎…地域住民にとっての「常識」を身に付ける

▶▶ 地域住民から見れば当然のことを知っておく

　法律や組織などの一般的なことを知る以上に大事なのが、地域特有の事情を知ることです。地域住民の気質や地区別の違い、産業がどのような特徴を持ち、どのような店舗が有名で、どのような歴史を経ているのかといったことです。

　地域の企業の人々は、新しく創業したり移転してきたりしている人を除けば、基本的にそれなりの年数を地域に密着して仕事をしています。地域内に住んでいる人も多いでしょうし、住んでいなくても地域で働いて長いので、地域のことをよく知っています。

　地域の人は、自治体職員が地域のことを知っているのは当然だという見方で接してきがちです。しかし、他部署で多少の地域事情を知っていても、地域産業に関する内容となると必ずしもそうはいきません。

　特に、勤務する自治体の地域外から通勤している職員の場合には、自身の日常生活の買い物や外食、近所付き合いが地域内ではないのがハンデになります。また、地域に在住の職員でも、自宅の近所や行動圏内ではない地区の事情には疎くなりがちです。ましてや勤務歴が浅かったり地域に関心を持っていなかったりすると、ほぼ確実に不都合が生じます。

　これらの地域事情は、市販の専門書ではほとんど学べません。そして、知らないと地域の企業との会話の中で、「え？　自治体の職員なのに知らないの？」と思わせてしまうので注意が必要です。地域の名産品を作っている企業や人気の飲食店も全く知らない職員は、産業振興担当として信用が得られません。そもそも、それらの知識もなく地域の産業や観光のPRをするのは困難です。

▶▶ 地域の特性が現れる産業構成

　産業振興担当の基本として、地域産業の業種や人数などの構成がどうなっているかを知っておくことは大事です。その地域で盛んなのは製造業か商業か、地域内で働く住民が多いのかベッドタウンなのか、働いている人は大企業なのか中小企業なのか。製造業が多いのであれば、その業種の内訳はどうなっているのか。それらを知っていなければ地域の特性に合った産業振興施策はできません。

■製造業の業種別工場数の比率

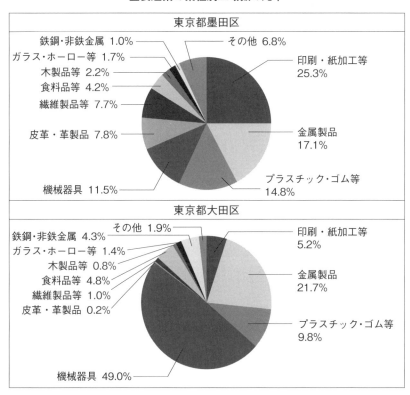

東京都墨田区

- 鉄鋼・非鉄金属 1.0%
- ガラス・ホーロー等 1.7%
- 木製品等 2.2%
- 食料品等 4.2%
- 繊維製品等 7.7%
- 皮革・革製品 7.8%
- 機械器具 11.5%
- その他 6.8%
- 印刷・紙加工等 25.3%
- 金属製品 17.1%
- プラスチック・ゴム等 14.8%

東京都大田区

- 鉄鋼・非鉄金属 4.3%
- ガラス・ホーロー等 1.4%
- 木製品等 0.8%
- 食料品等 4.8%
- 繊維製品等 1.0%
- 皮革・革製品 0.2%
- 機械器具 49.0%
- その他 1.9%
- 印刷・紙加工等 5.2%
- 金属製品 21.7%
- プラスチック・ゴム等 9.8%

※令和３年経済センサス‐活動調査に基づき著者作成

例えば前頁の円グラフは、同じ東京都23区内で町工場の多さで知られる2区のものです。しかし、それぞれの製造業の中で占める業種の比率は同じではありません。墨田区は様々な業種が8〜25％の比率で混在しているのに対して、大田区は機械器具だけで約50％を占めています。このような特徴を具体的な数値まで把握している地域の人々は少ないとしても、日常的に肌で感じて知っています。同じように中小企業が多い「ものづくりのまち」だとしても、機械器具製造業を支援する意味合いは2区で違ってくるのです。

▶▶ 地域にとって著名な企業、観光スポット

　地域には地域特有の企業があります。地元のニュースで頻繁に取り上げられる特徴的な中小企業や商店街、口コミサイトやガイドブックで評価の高い飲食店や小売店、観光スポットなどです。

　日本人ならば誰もが知る大企業や超有名店でなくても、地元の業界関係者にとっては常識なので、自治体の産業振興担当が知らないと危険です。当の企業の人も自身を紹介する必要はないと自負していることもあるので、担当職員が知らないと微妙な空気が流れることにもなります。異動したての頃はまだ許されるでしょうが、配属されて何か月も何年も経っているのに知らないままなのは、相手にとっていただけません。

　職場内で名前が頻出する企業などは、早めに先輩に質問したり自分で調べたりしておくことをお勧めします。気軽に現地に行けるような場所であれば、できれば自分で行って、見たり味わったりしておいたほうがいいでしょう。

▶▶ 観光コンテンツになり得る代表的な行事

　地域の代表的イベントを知っていることも大事です。長野の御柱祭や京都の祇園祭のように有名なものであれば地域外の人でも知っているでしょうが、肝心なのは、全国的とはいえないものの地域では大事にされているお祭りや恒例のイベントなどです。例えば、その地域の代表的な

神社で昔から行われている歴史ある祭や、民間団体が主体で定期的に行っている音楽イベントなどが考えられます。

　他部署でほかの業務を担当している場合はあまり関係ないかもしれませんが、観光振興をはじめとする産業振興を担当する場合には大いに関係があります。それらの行事は、観光コンテンツになり得る一方で、担当事業で会議やイベントを別に行おうとする際、これらの行事と時期を同じにしてしまうと、どちらかにしか参加できなくなるので、地域の人々にお叱りを受けてしまいます。逆に、それらの行事の存在や魅力を十分に知ったうえで、自身の担当事業にも活かせないかまで考えられると上出来です。例えば、集客に苦しんでいるイベントについて、代表的な行事と連携した内容にすることで、その集客力や地域の伝統を活かしつつ、新たな参加者を呼び込むことができます。

▶▶▶ 地域史も踏まえて施策に取り組む

　日本経済の歴史は、学校の教科書や世間の報道で誰でもある程度は知っていても、地域特有の歴史は地域の人々でないとあまり知りません。そのような歴史は企業の現在の経営に直結しているとは限りませんが、老舗企業であれば、地域の歴史の中で自社が影響を受けていたり自社が地域に影響を与えていたりもします。

　全国的には知られていなくても、実は突出した功績のある歴史的偉人がいたり、地震や豪雨などの自然災害で事業所が大きな被害を受けていたり、大規模な商業施設ができたことで近隣の小売店が影響を受けていたり、行政改革で地域の公共施設がなくなったことで関係者が不便を感じていたりと、地域産業に特有のトピックがあるものです。

　これらは、何かと企業の人との会話の中でも言及されることがあるため、意識して情報収集をするようにしましょう。中身によっては、災害の跡地や復興の実績を観光コンテンツにしたり、公共施設がなくなった影響を低減するために新たなサービスを展開したりするなどの地域史を踏まえた施策に結びつけることが考えられます。

KFC はファストフード店じゃない？

KFC に行ってきます

　産業振興担当に配属されたばかりの頃、見るもの聞くものが何もかも新しいことだらけの日々の中、同僚のこんな言葉が耳に入りました。「KFC に行ってきます」

　KFC？　大手ファストフード店と仕事？　それとも、ランチ？　でも、今は昼休みじゃないし……。

　実は「KFC」とは、著者が勤める墨田区の南部にある産業振興の関連施設「国際ファッションセンター（Kokusai Fashion Center）」の略称でした。関連施設に出かけただけで、スパイシーなチキンを食べに行ったわけではありません。このほかにも、知らないで聞くと疑問に思う略語が、事業や組織の名称などで時々あって最初は戸惑いました。

　「チャレセン」→「商店街チャレンジ戦略支援事業」の略

　「トーショー」→「東京商工会議所」の略

　「ハンカク」　→「区内生産品等販路拡張事業補助金」の略

あだ名で話すことも

　仕事で関わる地域の人々の中には、様々な事業で何かと顔を合わせる機会が多い常連の人もいます。個性的な特徴がある方だと、職場内だけで通じるあだ名がついていることもあり、これも知らずに聞いていると誰の話かわかりません。

　「ラーメン屋さん、補助金の申請書持ってきたよ」

　この会話が交わされるのが飲食店の担当職員なら不思議はありませんが、実は伝統工芸の担当職員の話です。ある伝統工芸の職人の風貌が、街のラーメン屋さんのようなので職員の間で親近感を込めて、こう呼ばれていました。

　特有の略語やあだ名を使いこなせるようになると、自分も職場になじんできたのかな〜と思えます。

産業振興で扱う主な課題

本章では、産業振興担当者が取り組む主な課題として、下請け脱却、販路開拓、事業承継、創業支援、観光振興のほか、まちづくり、住民意識などの大切にしたいポイントを取り上げます。

3|1 ◎…「下請け脱却」で 自立した 企業になる

▶▶下請けは自社で価格などを決めにくい

　地域の企業の多くが抱える下請けの問題点を理解することは、担当職員としてとても大事です。下請けとは、企業が仕事を直接請け負うのではなく、元請け企業が請け負った仕事の一部または全部を請け負うことです。製造業者が大手メーカーの商品やその部品を製作したり、建築業者が大手建設会社の工事の一部を行ったりと、様々な業種で存在します。

　下請けの問題点を単純化していえば、利益が小さいので不安定になるということです。下請け企業は元請け企業が顧客から得る利益の一部しか得られません。下請けは重層構造になっていることも多く、メーカーの商品の組立は１次下請け、そのうちの大きな部品は２次下請け、その部品を構成するネジやバネは３次下請けなどというように数段階にわたることもあり、段階を下りるたびに利幅は小さくなってしまいます。

　取引きしている元請けが特定の企業に集中していると、さらに問題です。元請け企業１社からの仕事だけで売上の100％を占めている下請け企業だと、元請け企業の言いなりになるしかありません。価格や納期について元請け企業から不当な要求をされても、取引をやめると言われたら下請け企業の立場はとても弱くなります。また、不当な要求をされなくても元請け企業が倒産したら、仕事を失うことになるので不安定です。

　下請け脱却が中小企業にとっての大きな課題になっています。

▶▶下請け脱却のための自社商品の開発

　下請け脱却の方策として、よくいわれるのが自社商品の開発です。こ

れには２つのパターンがあります。１つ目は、元請け企業のブランド名で売るバッグやシャツなどの商品を作っていた企業が自社商品を作るパターンです。２つ目は、元請け企業の商品である電化製品などの部品を作っていた企業がその技術で自社商品を作って売るパターンです。どちらも一見すると簡単そうですが、実はとても厳しいものです。

　１つ目のパターンは、下請け企業には商品となる最終製品を作る技術上のノウハウ自体はありますが、今までは元請けの商品企画に基づいて製作し、元請けの名前で売っていたので、自社で商品企画や販売をした経験がありません。２つ目のパターンは、商品企画や販売の経験はもちろんのこと、商品となる最終製品自体を作ったことがありません。

　下請け脱却のための自社商品開発とは、このような下請け企業が商品開発に挑むということです。つまり、ほとんど未経験の分野に足を踏み出すことなので、容易なものではありません。

▶▶▶ 自社商品開発の３つの注意点

　自社商品の開発に際しては、注意しておきたいことがあります。

　第１に、商品企画、つまり、アイデアが必要です。利益を出さなくてもよいのであれば、思いつき程度で着手して構いませんが、ビジネスとしての商品企画はそうはいきません。自社の強みは何か、売りたい、または売れる市場はどこか、アイデアを技術的に実現できるか、見た目のデザインや商品名はどうするかなど、様々なことをクリアしなければなりません。下請けの際には必要のなかった業務も社員がこなす必要が生じるため、自社だけでは手に負えず外部のデザイナーなどに協力してもらうことも多いようです。

　第２に、開発費が必要です。素晴らしいアイデアがあっても、それだけでいきなり完成品を製作できて、すぐ売れるわけではありません。アイデアに基づいて試し、上手くいかなければアイデアや方法を練り直して再び試す、それを繰り返すことになります。結果として、完成に至るまでに材料費や人件費などの様々な経費を負担しなければなりません。

　第３に、在庫を抱えるリスクを理解しておくことです。商品ができて

販売しても、売れ続ける保証はありません。完全受注生産でない限り、ある程度の数をあらかじめ製作するので在庫を抱えることになります。

▶▶ 売ることだけが目的とは限らない

開発した自社商品が売れたとしても、それだけで下請けから脱却できるほど商売の世界は甘くありません。倒産の危機にあった下請けの部品工場が、自社商品をもう1つの収益にすることで乗り越えられた事例もありますが、1つの商品が売れただけで、今後は下請けに頼らなくて済むようになるまでは滅多にいきません。自社商品の開発後も、下請け業務のほうが収益を安定的に確保できることが多いのが現実です。

それでも、自社商品の開発には、商品の売上だけでは計れない2つの意義があります。

1つ目は、その商品が自社の技術などの魅力を伝えるツールになるということです。部品や技術などが元請けの有名企業の商品の一部に使われている場合、その公開を元請け企業から禁じられていて自社の宣伝ができないことが往々にしてあります。しかし、自社商品であれば誰にも気兼ねせず、自由に宣伝して、自社の存在や魅力を知ってもらうきっかけにできます。それが新たな下請けの受注につながるかもしれません。

2つ目は、社内の人材育成になるということです。開発・販売のノウハウを社員が経験することで、今までと違う能力を磨き、それは従来の製造工程や社内コミュニケーションなどの改善にもつながります。

▶▶ 下請け脱却とは価格交渉権を持つこと

下請け脱却とは、自社商品などに移行して下請けを全てやめるということではありません。正確には、「下請け体質の脱却」なのです。下請け体質とは、元請けの企業に対して弱い立場にいるということで、その主な原因は、自社の製品やサービスの価格などの条件を自社では決められないということにあります。

下請け企業が困るのは、元請け企業から不当に値下げを迫られたり、

短い納期を求められたりしても断れないことです。自社商品なら自社で価格を決められるのはもちろんですが、コストに見合う対価をきちんと元請け企業に請求できるのであれば、下請けでも困ることはありません。

　自社商品ではなく下請けで元請け企業に対する価格交渉権を得るには、元請け企業が他社には発注できない状況にするか、自社が元請け企業に逃げられても困らない状況にするかです。つまり、他社にはできない技術やサービスを持つか、元請け企業を複数持つことで1社との取引がなくなっても影響が軽微で済むようにします。

　真の下請け脱却とは、下請け企業が価格交渉権を持つことなのです。

▶▶▶価格交渉権につながる自社の価値を定義する

　自社商品を開発するにしろ元請け企業を複数にするにしろ、自社のスタンスをどこに置くかというブランディングが重要になります。

　ブランディングというと、ロゴマークやパッケージデザインなどの外見に気を取られがちですが、本当に大事なのは、自社の方向性や哲学、存在意義をどう定義するかです。これらがあってこそ、どんな商品やサービスを開発し、どんなプロモーションをして、どんな相手と取引をするかが決まってきます。商品開発や取引先の開拓は、事業を維持・発展させるための一手段に過ぎません。下請け企業が生き残るには、一手段より以前に、しっかりした経営方針が必要です。

　今の企業は、人口減少やインターネットの普及、SDGsに配慮する必要性など様々な条件下にあり、ただ従来と同じものを作ったり売ったりしていればよい状況ではなくなっています。場合によると、製造業だった企業がサービス業にシフトするくらいの事業の再構築も必要です。目先の流行で方向性を決めるのではなく、今までの企業の価値を活かしつつ、今の状況に合わせてどこに向かうか見極めていかねばなりません。

　地域の多くの企業が、そんな難しい局面に立ち向かおうとしています。産業振興を担当する職員は、地域の企業の強みや社会情勢を考え、企業とは異なる立場ならではの視点を提供することで、企業と一緒に未来を切り拓いていく姿勢を持ちたいものです。

3|2 ◎…「販路開拓」で売上を確保する

▶▶ 展示会・見本市で取引先を見付ける

　企業には、販路開拓、つまり、売り先を増やしていくことが必要なのはいうまでもありません。ここでは、販路開拓の手法をいくつかご紹介しましょう。産業振興を担当する職員は、これらを理解したうえで、どのようにサポートするのが適切か考えて取り組むことになります。

　企業が販路開拓をする際の代表的な手法は、展示会・見本市に出ることです。展示会と見本市という言葉を使い分けている例もありますが、基本的には、特定の会場に企業がブースを設置して自社の製品やサービスを紹介することで、来場者に自社を知ってもらいます。同時に連絡先を交換したり商談を行ったりもします。

　例えば、都内では東京ビッグサイトで行われる雑貨などの展示会「ギフト・ショー」や機械部品・加工技術の展示会「機械要素技術展」などが、海外ではフランスで行われるインテリア・デザインの展示会「メゾン・エ・オブジェ」やイタリアで行われるファッションの展示会「ピッティ・ウオモ」などが有名です。

　これらの展示会・見本市に出るには、いくつかポイントがあります。

　第1に、自社に適した展示会・見本市を選ぶことです。それぞれの展示会・見本市には、それぞれの持ち味があり、来場者の属性も違います。感度の高い富裕層が対象の高級品が中心の展示会に、安価な量産品を出すことはその展示会には合いません。自社の製品やサービスがどんな分野のもので、誰に向けて売っていきたいのかを見極めたうえで出展先を決める必要があります。ちなみに、展示会・見本市の主催者による審査もあるので、必ずしも自社の希望だけで出展できるわけではありません。

第2に、出展費用がかかることです。例えば「ギフト・ショー」の出展料金はスタンダードプランで1小間（約3メートル四方）あたり約40万円です。これは基本となる箱型ブースのみの料金なので、そのほかに自社製品や案内パネルなどを設置する経費や、現地までの交通費も必要です。海外が会場の場合は宿泊費なども加わり、結構な出費になります。

第3に、展示の仕方や会場での営業の仕方に工夫が必要です。自社ブースを出展して、適当に製品を並べて社員が立っていればお客が来てくれるほど世の中は甘くありません。いかに目をひき、わかりやすい展示をして、商売につながりそうな来場者に自社の魅力を伝えて興味を持ってもらうかが大事になります。下請け体質の企業はそのような売り込みをすることに慣れていないことが多いので、結構苦労するようです。そのため、出展時のノウハウなどについて専門家による相談やセミナーを実施している自治体もあります。

▶▶販促イベントで消費者に知ってもらう

展示会・見本市が主に取引先との商談を目的としたBtoBのものであるのに対して、直接に消費者に買ってもらったり知ってもらったりすることを目的とするのが、販促イベントです。自社が主催することもあれば、例えば紙製品のイベント「紙博」のような大きな物販イベントに参加することもあります。販促イベントの場合も展示会・見本市と同様に、会場、経費、売り方は大事なポイントです。特に、何をどう売るかは当日の売上に大きく直結します。販促イベントは、特定のファンなど強い目的意識をもって来るお客を除くと、通りすがりや軽い気持ちで来場する人が多いので高い単価のものはなかなか買ってもらえません。

自社が主催する場合には、数多ある会場から目的に合った場所を選ぶことも重要です。どこで何を売るにしても、その会場に人が来てくれなければ始まりません。他社が主催する展示会・見本市やイベントはある程度は主催者による集客が見込めますが、自社が主催する場合には自社で誘客するしかないので、事前にどれだけ効果的に宣伝して、来てほしい客層に興味を持って来場してもらうかが非常に重要です。狙っている

客層が来る地域かということはもちろんのこと、屋外広場などは梅雨や冬の寒い時期は集客が厳しいなどの状況も押さえておく必要があります。

▷▷▷ ECサイトを使ってインターネット上で広める

　販路開拓は、対面のリアルな世界だけでなくインターネット上でのECサイト（Electronic Commerece の略。ネットショップのこと）でも可能です。Amazon や楽天市場などの大手サイトを利用する方法と、自社独自のサイトを開設する方法があります。

　どのサイトを選ぶか、ページの開設や運営のコスト、掲載商品にどのように興味を持ってもらうかが大事なポイントです。大手サイトであれば多くの消費者が閲覧していますが、無数の他社製品と混在するので山に埋もれて自社商品に気づいてもらえない可能性もあります。一方、自社サイトであれば自社の望むとおりに自社のみの宣伝はできますが、そもそも自社サイトまで誘導できないと商品自体を見てもらえません。

　また、展示会・見本市や販促イベントのようなリアルの取組みとの大きな違いが、商品などの現物を手に取ってもらえないことです。このため、静止画像や動画、文章で、どのように自社の商品やサービスの魅力を伝えるかが重要になります。魅力的なページを自社の社員だけで作り上げて運営していくのには相当の労力がかかりますし、外部の専門家に頼むのであれば相応の経費が必要です。

　ちなみに、新製品の開発・販売や特別な取組みをする際などは、クラウドファンディング（主にインターネットを通じて多くの人から資金を調達する手法）を利用することもできます。

▷▷▷ グループでの実施で効率的に客を集める

　ここまで紹介した方法は、企業が単一で実施するだけでなく複数の企業がグループで実施することもできます。例えば、同一業種など関連性の強い複数企業がグループを組んで展示会に出たり、商店街のような地域のつながりのある店舗で一体的に販売イベントをやったりします。

複数で行うことで、出展料や宣伝費などを分担して負担すれば済むので、経費的にはメリットがあります。各社が独自に持つ集客力も合わさるので、1社で実施するよりも多くの客を集めることも可能です。例えば、メンバーに多くの固定ファンを持つような人気のある企業が参加してくれると、そこを目当てに来た人にほかの商品も見てもらうことができるかもしれません。

ただ、デメリットもあります。複数の企業が参加する場合、自社だけのブランド・イメージでは打ち出せません。グループに共通するイメージなどで全体を見せることになるので、個々の存在は薄くなりがちです。各企業は自身のこだわりや独自のやり方で経営しているので、それらが集まると意見が合わないこともあります。また、とりまとめる幹事役や雑用を引き受けてくれる人は、関係者の性格や人間関係で決まってくるもので、適当な人がいないとグループの運営は難航しがちです。その人選やその後のサポートに担当職員が関わるには、関係者の人となりを知り、信頼を得ていることが必要となります。

▶▶▶ 何を成果とするかを見失わない

販路開拓の名のもと、展示会やイベントなどを行うとき、何を成果とするかが大事です。どのような方法をとるにしても、それらの実施には必ず経費がかかりますし、直接経費だけでなく担当する社員もそのために時間を費やすので人件費がかかります。展示会の商談によって成立した契約、販促イベントや EC サイトの売上額だけで経費と相殺できるほどになることは、そう簡単ではありません。自社の認知度向上やイメージアップ、あるいは、ほかの出展企業・参加企業との交流によって生まれる新たな関係、従事する社員の成長なども含めて、様々なことが成果と捉えられます。何を重視するかはケース・バイ・ケースです。

ときに、店主が商店街のイベントに従事して、肝心の自身の店をおろそかにするという本末転倒な事態もあります。売上や付随する成果がないまま、ただ「来場者が多く集まって賑やかで楽しかったから満足」で終わらないように注意しましょう。

3|3 ◎…「事業承継」で将来にわたり企業を存続する

▶▶ 事業承継ができない場合のリスク

事業承継とは、企業の経営を後継者に引き継ぐことです。今、国内の企業の多くに後継者がいないことが問題視されています。

後継者が見つからないまま現在の経営者がいなくなってしまうと、最悪の場合、廃業せざるを得ず、事業を続けていけません。その結果、そこで働いていた従業員が仕事を失ったり、取引先や客にも迷惑を掛けたりすることになります。企業が独自の商品や技術を持っていたとしても、それも失われてしまうかもしれません。そのため、事業承継の相談受付や必要経費の補助などの支援が行われています。

一方で、全ての企業が事業承継を求めているわけでもなく、廃業を決断することもあります。そのような企業が債務を抱えて倒産しないよう、円滑な廃業に必要な手続きなどをサポートする廃業支援が必要です。

▶▶ 後継者がいなくて事業承継が進まない

事業承継が進まない理由は、いくつかあります。

1つは、現在の社長がしばらく働き続けるつもりで後継者に引き渡す気がないことです。高齢でもバリバリ働く経営者も多く、社員や取引先への責任を考えれば中途半端には引き渡せないのも理解はできます。

もう1つは、認知度の問題です。身近に後継者候補がいなくても、唯一無二の商品をつくる企業などには、その技術に惚れ込んで後を継ぎたいと申し出る人が現れることもあります。ところが、その存在が知られていないと、意欲を持つ人材が興味を持つきっかけがありません。

しかし、何より大きな理由は、経営の将来的な見通しです。**事業承継の問題が取り沙汰されるとき、黒字経営なのに後継者がいないといったことがよくいわれます。しかし、今が黒字経営だということは、この先も成長が見込める安定的な事業だということと同じではありません。**伝統工芸など、一部の規模が縮小している業界では、今は経営者の努力で黒字経営を維持していても、この先が厳しいことは想像がつきます。多くの経営者もそれをわかっているので、子どもに継がせようと思わず別の仕事を勧めたり、「この仕事は私の代でたたむ」と宣言したりします。このような状態で後継者になる人は、相当の熱意と覚悟が必要です。

▶▶ 後継者の3パターン

後継者になる人は、3つのパターンがあります。

第1が親族内承継です。わかりやすいのは社長の息子や娘が継ぐ例です。早くから入社している場合もあれば、当初は継ぐ・続がせる気がなくて別の仕事に就き、何かのタイミングで急に後継者として入社する場合もあります。なお、経営者が親族の後継者にその企業の株を渡す際、相続税や贈与税を負担しなければいけません。円滑な承継のため、対策として、事業承継の際の税を優遇する事業承継税制を国が設けています。

第2が社内事業承継です。社長に子どもがいなかったり、子どもがいても継ぐ意思がなかったりする場合などに、経営者に適した社内の役員や社員に継いでもらうことがあります。

第3が第三者承継です。M&A（合併・買収）などによって、親族でも社員でもない人が引き継ぎます。親族や社員については、本人の意思はともかく、適性などを早い段階から見ておくことができますが、第三者承継はそれができません。経営者が倒れたり経営が悪化したりしてから動くのでは間に合わないので、早くから準備する必要があります。

どのパターンがよいということはなく、企業の状況等に合わせて決めるべきだということです。日本の中小企業では第三者承継は馴染みにくいという意見もありますが、実際には成立している例が約8％あります（帝国データバンク「全国企業「後継者不在率」動向調査」2020年）。

▶▶▶ 後継者の育成で事業を継続させる

　後継者が見つかったとしても、事業承継はそれだけでは済みません。**後継者になる人、または後継者になった人が、企業の経営を続けていけなければ意味がないので、後継者による「事業継続」も大事です。**

　今まで一社員に過ぎなかった、あるいは社外の人だったのが、継いだその日から一人前の経営者になれるはずがありません。社員として仕事をこなして給料をもらうことと、社員とその家族の生活を背負って1つの組織を自分1人の決断で切り盛りすることは、その責任の重さがあまりに違います。現在の厳しい経済の状況下で中小企業の後継ぎになるのであれば尚更、その大変さはひとしおです。

　事業承継が本当に上手くいくには、後継者が真の経営者に自ら育つこと、まわりが育てていくことこそが重要となります。そのため、東京都墨田区の「フロンティアすみだ塾」などのように後継者育成塾を実施している自治体もあります。

▶▶▶ 事業継続の問題 〜 社員の確保・育成

　後継者がいて経営状態がよければ事業が存続するとは限りません。ここでは話を広げて、事業の継続に際しての問題点に触れてみます。

　1つは、社員の確保・育成です。経営者だけがどんなに頑張っても、実際に手足を動かして製造・営業・接客などをしてくれる社員がいてくれなければ事業は成立しません。中小企業は社長だけでなく社員の高齢化が進んでいて、若手の労働力が不足しています。

　就職に際して大企業志向は昔より弱まっているといわれているものの、中小企業は企業自体の知名度が低いことや、賃金や休暇制度の条件が大企業に比べて不利なことが多いのもあって、求人を出しても十分な応募が得られません。結果的にミスマッチも生じがちで、採用に至っても定着せずに辞めてしまうことが結構あります。また、採用だけでなく、採用後の社員の能力向上のための人材育成も必要です。

　事業の存続には、経営を支える人材を、どう確保し、働き続けてもら

い、時代の変化に合わせて成長してもらえるかが重要となります。その
ため、神奈川県綾瀬市の「あやせ工場合同研修」など中小企業の新入社
員向けの合同研修を実施する自治体もあります。

▶▶ 事業継続の問題 〜 サプライチェーン

　事業継続に際して大事なことのもう１つが、原材料の調達から製造、
流通、販売までの一連の流れであるサプライチェーンの維持です。社内
の業務が進み受発注があっても、自社のサプライチェーンの一角が破綻
すると、予期せず窮地に追い込まれることがあります。

　例えば、町工場では、製造に欠かせない工作機械が生産中止になって
しまい、修理したくても部品がないなどの事態が起きています。昨今の
新型コロナウイルス感染症や国際紛争などの影響で、流通が止まってし
まうこともサプライチェーンのリスクの１つです。このように自社の受
発注はあっても、道具や流通の都合で販売できないことも起こり得ます。

　企業は必要な材料・道具などを供給してくれる取引先などのサプライ
チェーンが今後も維持できるか気にしなければなりません。存続が危う
ければ、代替を探すか自社で内製化するかなどを検討・実施する必要が
あります。自治体の相談対応として代替の企業を紹介することもありま
す。

▶▶ 業界組合・商店街組織も後継ぎが必要

　単一の企業だけでなく業界組合や商店街組織などの団体でも、代表者
や事務局を務める人がいなくて解散することがあります。その団体を運
営していくこと自体にメリットがない、あるいは人的・経済的なコスト
が大きいことが主な理由です。続ける意義が見出せないことこそが問題
だと考えられます。貴重な情報を共有したり一緒にイベントをしたりす
ることが、構成員の経営などに有益であれば、解散はしないでしょう。

　大事なことは、団体を存続させるかではなく、その構成員となる企業
が順調に経営できるようにするには何がよいかを考えることです。

3|4 ◎…「創業」で新たな
事業を生み出す

▶▶▶「創業」に関する用語を知る

　「創業」とは、新しく事業を始めることです。このほか、「起業」「ベンチャー」「スタートアップ」という言葉も使われます。「スタートアップ」が革新的な内容で短期間のうちに事業を成長させて事業売却を狙うのに対して、「ベンチャー」はより長期で事業を継続していくものであるという違いがあるとされていますが、実務上はあまり区別せずに使われることが多いです。

　一般的な使い分けとしては、スタートアップやベンチャーは、現代的な技術（インターネットなどのハイテクノロジー）を駆使した製品・サービスを新たに開発することが先行して、当初は売上がほとんど発生しないものの、成功すれば爆発的な収益が見込めるハイリスク・ハイリターンの事業であるのに対して、通常の創業は、飲食店・小売店などを始めるような広い概念で当初から一定の売上が見込めるものの急成長の可能性は低いローリスク・ローリターンの事業となります。

　このほか、「第二創業」や「社内ベンチャー」という言葉もあります。「第二創業」とは、既に存在する企業が、今までの事業とは全く異なる分野の事業に挑戦することです。「社内ベンチャー」とは、今までの事業とは異なる新しい事業に挑戦するために社内に立ち上げる組織のことです。

▶▶▶なぜ行政は創業を支援するのか

　昨今、創業が話題になるようになったのは、日本の経済に元気がなく

なっているからです。企業の数が減少し、前述のように既存の企業の事業承継も問題になっています。このままでは地域の経済活動の核となる企業は減るばかりです。また、社会の経済状況の変化に合わせて、新しい製品やサービスなどが求められているにもかかわらず、日本は欧米に比べて新しく事業を始める人が少ない国です。このままでは日本経済の力が弱まってしまうため、国や自治体などの行政が新しく事業を始める人を増やそうとしているのです。

　創業が増えることで、たとえ既存の企業が減っていったとしても、その減少をカバーし、かつ、時代に合った事業が生まれることで、これからの若者たちの雇用の受け皿になっていくことが期待されています。

▶▶▶ 創業するまでに必要な３本柱

　創業するために必要なものは、「アイデア」、それを実現するための「資金」と「人材」の３つが主に挙げられます。

　しかし、成功している創業者の多くが口にするのは何より「熱意」です。結局のところ、「やりたい」という強い「熱意」がある人は、多少の障害があっても自分で資金・人材も含めて方策を見付けて計画的に進みます。

　創業に向けて財務や営業など不得意なことがあっても、熱意がある人は、自分で勉強するか能力がある人を仲間に引き込みます。資金調達も同様に、ピッチと呼ばれる自社紹介のプレゼンテーションでベンチャーキャピタル（VC）にアピールして出資してもらったりします。アイデアはひたすら頭をひねり、工夫を続けて前に進みます。自治体職員として創業を支援するときは、その人の熱意を見極めたほうがいいでしょう。

　また、創業する前や創業したての人と、軌道に乗り始めている人との違いは、ビジネスモデル、つまり、どうやって稼ぐかという仕組みがある程度実行できているということです。好きなものを作ったり売ったりするだけで売上がついてくることは稀なので、収支バランスがとれるように、どうやって売上を確保し、仕事として成立させるかというしっかりした計画がなければ、早晩、事業は行き詰まってしまいます。

▶▶日本で創業の文化は浸透していない

　日本が欧米に比べて創業する人が少ない理由は、制度上の問題だけでなく文化や意識の問題でもあるといわれています。

　卒業を控えた生徒・学生の就職活動で誰もが思い浮かべるのは、どこかの会社・組織に入るということが、国民的な意識を端的に示しているといってもよいでしょう。今まで日本では、自ら企業を立ち上げるという行為があまり普通のこととは思われていませんでした。もちろん国内の企業もかつて誰かが創業して始めたものなのですが、それでもそれを意識して自分も立ち上げようという意識は希薄です。

　そこには、組織の一員として言われたことをやるとか、集団の中で目立つような新しいことはしないとか、失敗を受け入れて再挑戦を促す気風がないとか、そんな日本人特有の思考が影響しています。

　昨今、そのような状況を変えていこうと、産業振興担当部署が調整して、学校や民間団体などが子どもに創業者の話を聞かせたり、創業を疑似体験させるプログラムを受けさせたりといった取組みもされるようになってきています。

▶▶創業する人・創業した人の特性を知る

　数ある企業の中でも、これから創業する人や、創業したての人は、長年経営している企業の人々とは違う環境に置かれているという事情を理解した方がよいでしょう。

　第1に、創業する人・創業した人は、ほかの経営者に比べてとても不安で不安定です。既存の経営者には一定の実績がありますが、創業者はやることなすこと全て未経験なので実績はほとんどありません。後継者も未経験だとしても、彼らには今まで長年働いている社員がついています。ところが、創業する人は多くが1人かごく少人数で、まだ何も始めていなかったり始めたばかりだったりで、先行きが全く見えません。熱意や自信を持って気丈に頑張っているとしても、その不安な気持ちと不安定な立場は察するに余るものがあります。

だからこそ、彼らは立場が弱く、1分1秒が大切で時間を無駄にする余裕がありません。自治体職員は「実績や前例がないと信頼できない」「しばらく様子を見てからにしよう」などと思いがちですが、そのような感覚をそのまま創業者に適用すると無理が生じます。少なくとも創業者は、役所が自分たちに寄り添ってくれているとは思わないでしょう。そのため、相手の立場を理解して接する姿勢が大切です。

特にスタートアップは、革新的な事業で急速に成長することを目指しています。スピード感だけでなく必要とする資金の規模も桁違いです。高い将来性を持つユニコーン企業とされるスタートアップは、創業10年以内で企業評価額が10億ドル（日本円で1千億円以上）とされています。自治体が支援しようとする際、スタートアップを一般的な創業と同列に考えない方がよいでしょう。

自治体に何ができるかという問題はともかく、創業する人・創業した人の背景を理解して対応することが必要です。

▶▶▶ 創業した後にどうなるかまで考える

創業支援というと、「創業するまで」や「創業直後」を中心に考えて、その間の啓発や金銭的な支援に偏りがちです。

しかし、1つ覚悟しておかなければならないことがあります。自治体の公金で創業を支援し、その対象者が地域内で創業したとしても、その後も地域内で経営し続けられる保証はないということです。

支援するに際して地域内で創業することを条件にはできても、ビジネス界の冷徹な現実には逆らえません。事業を展開する事業所や店舗を設けるのに地域内に適切な場所がなければ、創業者は地域外を選ぶでしょう。また、赤字経営が続けば、やむを得ず廃業することもあるでしょう。創業者は自治体のために創業するわけではないので、自身のためにならないのに無理に地域内で経営を続ける理由はありません。

そのため、創業者が地域外に転出したり、創業後に間もなく廃業したりしてしまう可能性も理解したうえで、どんな創業者をどのように支援していくかを考えていく必要があります。

3 | 5 ◎…「観光振興」で今までと異なる収益を獲得する

▶▶ なぜ行政は観光振興に取り組むのか

　国や自治体の産業振興において近年になって特に取り上げられるようになっているのが、観光振興です。それは、なぜでしょうか。

　人口が減少し続けている今、全国的に地域内の経済活動だけでは稼げる見込みが減少しているからです。人口が減れば働ける人も減り、働ける人が減れば価値を生み出して稼ぐことも減ってしまいます。地域外から観光に来る交流人口を増やし、彼らがお金を地域内に持ち込むことによって人口減少分の価値を補完するのが主な目的です。

　もちろん観光に来る側も迎える側もお金のやりとりだけを考えているわけではありません。観光をすることで楽しむと同時に知的・文化的・歴史的なものなどを感じたり学んだりでき、迎える側は自分の地域の価値を再発見して誇りを感じられるものです。

　観光は、産業振興であり、文化芸術振興であり、まちづくりでもあり、様々な分野に横断的に関係しています。観光振興を担当する自治体職員は、ほかの担当職員以上に自分の所属内だけでは仕事ができません。多くの関係部署に対する理解や配慮を持ったうえで、適切に調整することが必要です。

▶▶ 「見る」観光と「体験する」観光

　観光といえば、まずは風景や史跡などの観光地を見ることでしょう。時にはそこに、豊かな自然の中での暮らしを体験したり、地場産業の技術や歴史的な芸能を体験したりといったことが加わります。その地域の

魅力的な何かを見たり、体験したりすることは観光の基本です。

　ところで、観光は、どのように地域の産業振興になるのでしょうか。何かを見ること自体にお金を取る入場料・観覧料のほか、現地で案内するガイド代などは直接的な収入になります。ただ、多くの観光客が来てくれても、地域で飲み食いはせず泊まりもせず、自家用車で日帰りしてしまうのでは、地域の経済的利益にはあまり結びつきません。

　価格の設定にも注意が必要です。例えば安価な体験で多くの観光客が喜んでくれたら、主催者側は満足感を得られるかもしれません。しかし、優れた工芸品や精密な工業製品を作る職人に対応してもらった場合、職人の本業の時間あたり単価が高いので、かなり多くの人数を一度に対応しなければ人件費には見合いません。

　見てもらい、体験してもらう観光がいけないということではなく、何に価値を置いて取り組むか注意する必要があるということです。

▶▶▶ 「買う」観光

　観光客の大きな楽しみが、買い物です。観光地では、ほとんどの人が何らかのお土産などの買い物をします。現地での飲食のほか、地域の工芸品や観光名所のデザインなどを利用した商品が典型的です。

　ところで、一般の観光客は、気軽に高価なものは買ってくれません。お土産売り場で売れるものの単価は、1,000円から3,000円程度でしょう。高い買い物をするのは最初からそのつもりで来訪した特定の趣味を持つ人々で、一般的な観光客は単価が数万円の買い物をすることは滅多にありません。また、地域の日常使いの食品店や雑貨店に観光客が来て、特産物ではない全国どこでも買えるような食料品やトイレットペーパー、洋服などを買うこともないでしょう。

　つまり、昔からの小売店や飲食店も含む全ての店舗が、そのまま商品を変えずに観光客による恩恵を受けられるわけではないのです。観光客を取り込んで自社の利益にするには、今までとは違う、観光地の商品として、観光客に買ってもらえるようにする工夫が必要になります。

▶▶ 外国からの観光客（インバウンド）

観光振興の中でも特に注目されているのが、外国からの観光客、いわゆる「インバウンド」です。

まず、パンフレットや案内板、ホームページの多言語表記などに取り組むところが多くあります。それも意味のあることですが、自治体や観光協会がいくら表面的に多言語対応をしたとしても、最終的に外国人観光客を受け入れるのは、観光スポットとなる神社仏閣や飲食店、工房などです。そのような場所で観光客をもてなす方々が、外国人を満足させられるかどうかが大事になってきます。

観光客の満足度を決めるのは、受け入れ側の言語力だけではありません。日本人観光客は、日本語や英語が通じない国であっても興味があれば旅行をします。外国人も同じです。要は、観光客がそこでしか見られないもの、体験できないもの、買えないものなど、その地に期待するものをどのように提供できるかです。

ただ、魅力的な観光コンテンツがあれば、黙っていても外国人観光客が来て評価してくれるというものでもありません。地域の魅力を伝えようとする姿勢、そして、観光客の側の文化や興味関心も寛大に受け止めて理解しようという姿勢が重要です。そのため、このような発信や受入体制といった観点での勉強会などを実施する自治体もあります。

▶▶ 観光コンテンツを発掘・造成する

観光地として成立するには、観光客に興味を持たせる観光コンテンツがなければ始まりません。有名な観光地だけでなく全国各地にも隠れた素材はあるとしても、それをしっかりと見出して魅力的な観光コンテンツに作り上げ、世に打ち出していけるかが、自治体の観光振興にとって最大のポイントです。

どんなに見事な施設や歴史的名所があったとしても、それを観光客が観光コンテンツとして明確に認識して来てくれるように様々な施策を展開できなければ、宝の持ち腐れになってしまいます。

個性的な施設があれば、一般のツアーだけでなくビジネスの国際会議や見本市などの MICE（マイス）の会場として利用されることで、通常とは異なるレベルの交流や発信につながります。何気ない風景もフィルムコミッションを通して映画やドラマに取り上げられることで、聖地巡礼と称して作品のファンが訪れたりします。特徴的な工場などを見る産業観光、森林浴や温泉で心身の疲れを癒すヘルスツーリズム、高度医療を受けるためのメディカルツーリズム、過去の戦災や自然災害の跡地を訪れるダークツーリズムなどもあります。

　地域内の観光コンテンツを発掘し、観光客をひきつけるものに磨き上げていくとともに、引き寄せた観光客の行動が地域の産業を潤わせるようにする仕掛けを施していくことが必要です。

▶▶観光客にも住民にも魅力的なまちにする

　観光振興に取り組む際に注意したいのは、観光客などの地域外の人のためだけの観光振興にしないことです。もちろん観光は観光客がするものですから、観光客が満足しなければいけません。しかし、自治体の施策は住民のために住民の税金で実施するものですから、住民が幸せになることが1番の目的です。

　観光地になることは、ときに地域住民の平穏な日常生活に軋轢を生むこともあります。多くの人が集まることで交通渋滞や騒音、環境破壊などが起こることもあるためです。実際、観光地化に伴って昔からの住宅街に行列のできる店舗が出店して評判になったものの、来店する人の多さと騒音から苦情が続出して店舗が撤退したといった例もあります。

　大事なのは、「人が集まる観光地にすること」自体ではなく、「観光によって地域住民の生活が豊かになること」です。経済情勢の変化で元気を失いつつあった従来の地域産業が、観光産業を取り込み、あるいは観光産業に転換していくことによって稼ぐ力を得ると同時に、地域の評価が高まって住民が誇りを感じることができるようになるのが理想です。住民にとって魅力的で価値のある地域にすることで、結果として観光客も引き寄せるのが、最も理想的な観光地です。

3 | 6　◎…「まちづくり」で
産業を支える

▶▶産業振興にも大切なまちづくりの観点

　産業振興について考えるとき、企業が自ら行う取組み、例えば商品開発や販路開拓などを対象とすることが多いですが、実際に地域における経済活動が活性化するためには、それ以外の要素もあります。

　その中でも、大きなものが「まちづくり」です。事務所も工場も店舗も、地域の土地や建物の中に物理的に存在しています。廃業や転出となればその土地や建物が空くことになりますし、転入や創業を希望する企業があれば土地や建物がないとできません。そのほかにも、事業活動に付随する車両や人の移動、廃棄物などは近隣にも影響してきます。

　基本的に産業振興を担当する職員は、企業の取組み自体を取り扱うことが多く、都市計画や環境などについて直接所管することはそれほどありません。しかしながら、まちづくりの問題は地域の産業にとって大事な観点なので、ここで少し触れてみます。

▶▶土地開発・企業誘致で新たな雇用を生み出す

　まちづくりの要素が大きいものとして、土地開発やそれに伴う企業誘致があります。ここでいう企業誘致とは、中小規模の企業ではなく、大企業による大規模な事務所や工場を地域内に誘致することです。大きな遊休地や空きビルを抱えていたり、埋め立てを含む土地造成によって新たな土地ができたりする自治体が、大企業を呼び込むことで地域の産業を活性化し、雇用を生み出そうとして行います。

　これは自治体が企業を勧誘し、企業が転入したいと思うだけで進むも

のではありません。地域への影響など、いくつかの注意点があります。

第3章　産業振興で扱う主な課題

> **【転入してくる企業のチェックポイント（例）】**
>
> □ 転入してくる企業は、地域内の既存の企業と相乗効果を持ち得るか
> □ 地域内の既存の企業と競合になって既存の企業を苦しめないか
> □ 周辺の自然環境や交通事情には、どんな影響があるのか
> □ 従業員も転入してくるが、住宅や学校、保育所などは不足しないか

　もしも、誘致するために新しく開発する場合には、どのようなコンセプトで開発をするかから検討が始まります。誘致したいのは一企業の大きな工場や物流倉庫なのか、複数の企業が利用する工業団地なのか、一般消費者・観光客が利用する大規模商業施設なのか、地域性や自治体の施策の方向性によって決まってくるものです。新たな開発には莫大な経費がかかるので、それに見合う効果を見込めるかに気を付けなければなりません。

　また、それらハードの整備だけでなく、来てほしい企業に対していかに効果的にプロモーションできるのかも重要になります。誘致される企業に、単に該当する土地や建物についてだけでなく自治体の地域全体について、どのような魅力やメリットがあるのかを伝えることが必要です。

　土地開発・企業誘致では、狭義の産業振興の枠に収まらない課題への対応が求められます。

▶▶▶空き店舗・空き工場を放置しない

　産業振興とまちづくりがリンクする課題として、多くの地域でイメージしやすいのが空き店舗・空き工場の存在ではないでしょうか。かつては店舗や工場として営業していた建物が、廃業や移転などで空き物件となり、その後の用途がなく空いたままの状態になっているものです。

　この空き店舗・空き工場に企業などを誘致するのであれば、小規模な企業誘致ともいえますが、空き店舗・空き工場は空いていること自体が

深刻な問題となっています。商店街の一角が空き店舗になっていれば集客力が下がるなどの問題がありますが、そのような産業振興としての問題だけではありません。空き物件には防犯・防災上の危険性があり、むしろこちらのほうが喫緊の課題と捉えられています。空き物件は管理が行き届かないことも多く、漏電や放火などで火事になって近隣に類焼したり、老朽化して屋根や柱が朽ちて倒壊したりするおそれがあるのです。このため、空き物件の所有者ではない自治体が、やむを得ず空き物件の処分に踏み込むこともされ始めています。

　こうなってくると、産業振興の範疇ではありません。ただし、空き物件を解体するのではなく、新たに店舗や事業所として活用しようということになれば、産業振興施策になります。そのため、空き家対策の関連部署とは連携が必要になります。

▶▶▶ 交通機関や道路で産業に有利な環境をつくる

　工場や店舗などの建築物のほか、産業振興に影響してくるのが交通の環境です。住民や観光客が地域内で買い物などをする場合、交通機関や道路の利便性が大きく影響してきます。

　電車もバスも走っていない地域で遠距離にしか店舗がないと、車を使える人しか店舗を利用できません。まちめぐり観光を進めようとしても、電車やバスの本数がない、あってもルートが不便、自動車や自転車を使いたくても駐車場がない、歩くには道が狭かったり横を走る車が多かったりして危険、といった状況では、気楽に観光をしてもらうことは期待できません。だからこそ、観光地では観光客を意識した周遊バスを走らせたり、駅に新幹線や特急電車が停まるように運動したりするのです。

　これらは来店客の数、ひいては店の売上に大きく影響してきます。その場所に開店したのは店主の決断だったとしても、その後、近隣の交通機関がなくなったり新しくなったりすることは一店舗だけではどうにもならない問題です。

　産業振興担当の職員として、これらを一手に請け負って解決に向けて取り組むことは難しいでしょうが、関係する部署に事情や要望を伝えた

り、ときに一緒に施策を練っていったりすることは必要になります。

▶▶▶ 地域全体を視野に入れる

　工場・店舗などの企業支援や観光振興を進めていく際、一企業・一店舗・一イベントなど、とかく目の前のものばかりに意識が集中しがちです。顧客のために働いて地域の産業振興につなげていくことも、もちろん大事ですが、自治体職員には、地域全体をどうしていくかという視点も求められてきます。一自治体といえども、その地域内は一様ではなく、地区ごとに特徴や課題があるはずです。工場が集中している地域で工場を支援するのと、住宅が集中している地域で工場を支援するのとでは意味合いが異なります。

　地域内のどこを商業地とし、どこを工業地とし、どこを住宅地とするのか、明確には分けられないとしても、ある程度の区分けはどの自治体でも一定の計画があるものです。それらを理解しつつ、現状と今後を考えたときに、現在工場や店舗が立地している地域あるいは立地していない地域をどのような地域にしていくといいのか、そんなビジョンを持って各施策に臨む必要があります。

　商業施設などと居住地を集中させる集住（コンパクトシティ）は経済成長とも連動し、集住率の高い上位3県の実質県内総生産の伸び率は全国平均を上回っています（日本経済新聞出版「データで読む地域再生」2022年）。

　まちづくりは、産業振興だけでなく、教育や福祉、環境や防災などの多岐にわたるものなので、一職員だけでどうなるものでもありません。**庁内外の様々な関係者と連携し、地域住民が幸せになり、同時に地域の産業振興にも結びつくまちづくりをしていけるのが理想です。**

3|7 ◎…「住民意識」を大事にして地域とともに栄える

▶▶▶「企業＝住民」とは限らない

　産業振興担当の一義的な顧客は、主に地域内の企業です。ところが、これら企業を地域住民と完全に同一視はできません。地域内に本社の機能も、製造業であれば工場もあり、働いている人も地域在住であれば、住民とほぼ同じといえます。しかし、企業の事業所や工場が地域内にあって法人住民税を自治体に支払っていても、従業員は地域外から通勤しているかもしれません。そうなると、住民とは少し異なる位置付けになります。

　つまり、地域住民を雇用しているわけではない、いってしまえば地域住民には関係の薄い事業所を地域住民の税金を使って支援しているという見方もできるのです。このような事情もあって、産業振興施策の視点が狭いと地域住民の意識と差が生じてしまうこともあります。もちろん産業振興の目的は納税や雇用だけではないので、それらを伴わないとしても、全てが否定されるものではありません。ただ、地域の企業を支援することが、地域住民を支援することと全く等しくなるわけではないことも理解しておいたほうがいいでしょう。

▶▶▶ 居住環境とのバランスを保つ

　事業所・店舗は地域内で「操業」しているのに対して、住民は同じ地域内で「衣食住」の生活をしていることから、両者間に軋轢が生じることがあります。

　工場内で稼働する工作機械が環境基準には違反していなくても、近隣

に多少の音や振動が感じられることはありますし、搬出入の際には周囲の道路をトラックなどが通ります。適法な行為だとしても、静穏な生活にこだわる住民が近隣にいた場合には、クレームにつながりかねません。観光スポットも同様です。住宅の近くを観光客が昼夜歩き回り、観光バスが駐停車するのを嫌がる住民もいます。

これらは時代の変遷に伴って生じがちです。例えば、昔から工場があった地域が製造業の衰退した後に宅地化して、工場と住宅が混在する街になると、工場のある生活に慣れていない新規住民が今までは許容されていたレベルでも我慢できないと声を上げます。また、昔は住宅地だった地域が観光地化して、民家の合間を観光客が行き交うようになると、観光地に住もうと思っていたわけではない昔からの住民は居心地の悪さを覚えることがあります。

どちらが悪いということではなく、このような問題が生じるおそれがあることを知ったうえで、操業したり観光客を受け入れたりすることが求められるということです。ある町工場では、どうしても納期に間に合わせるのに深夜に操業しなければならないときは、近隣の住宅の全てに事前にあいさつして回っています。このように居住環境に配慮した取組みが必要なこともあります。

▶▶ 知ってもらい、受け入れてもらう

住民に居住環境の不都合を感じさせないようにするだけでは、地域産業と住民が共生できているとまではいえません。町工場が周囲を分厚く高い壁で覆っていたら、騒音の問題は起きないとしても近隣住民にはそこが何をしている工場なのかわからなくなってしまいます。

知らないことは、恐れや不信感につながるものです。かつて町工場が多かった地域で機械音や油の臭いが受け入れられていたのは、地域の人が慣れていただけでなく顔見知りだったからでもあります。行為は同じでも、それをするのが赤の他人か身近な家族かで印象は異なるものです。

企業誘致や創業支援においても、昔から頑張って経営している工場や店舗がある地域に、今まで縁のなかった新参者の企業が来ると、歓迎す

る人もいれば警戒する人もいます。移転してきた企業が地域に早く溶け込むために、自治会や商店会に加入したり、地域のお祭りに参加したりすることもあります。これらを自治体から促すこともありますが、あくまで任意のものなので強制はできません。

　優れた商品が自分の地域で作られたり売られたりしていると知れば、近隣住民の人々も悪い気はしません。それは時にお互いの交流につながり、新しいアイデアが生まれたり、雇用につながったりすることもあります。実際、近所の主婦が来社して語った悩みが中小企業の新製品開発のきっかけになったり、近所の若者が採用希望で訪れたりするという例もあります。

▶▶▶ 地域住民による購買を促す

　より直接的な住民との関係として、購買、つまり、住民が地域の企業の製品を買ったり、サービスを使ったりすることがあります。名産品とされる食品や工芸品を、地域の人が食べたり買ったりするのです。

　当たり前のように聞こえますが、意外とそれを果たせていない地域もあります。皆さんはご自分の地域の名産といわれる食品や工芸品、地域を代表する企業の製品などを実際に自分で買ったり使ったりしているでしょうか。特に地域と接する機会が少ない都市部やベッドタウンなどの住民は、名産品が何なのかさえ知らないこともあります。

　名産品などを扱わない店舗だとしても、時代の変化に伴って地域住民のニーズが変わっているにもかかわらず、品揃え、営業時間、キャッシュレス決裁の可否などについて昔のやり方を続けていれば、地域の商店街であっても地域住民には支持されません。一般消費者が買わないような部品や工作機械などの BtoB 製品も、その優れた製品が世界的シェアを誇っていても足元の地元で全く認知されていなかったら残念なことです。

　自治体としては、地域の企業が地域の住民に支持されるようにしていきたいところです。そのため、認定や表彰を通じて地域の企業や産品の魅力を住民に周知する取組みなどがよく行われています。

▶▶ 地域住民の就労機会を生む

　もう１つ直接的な住民との関係として、就労、つまり、地域の企業で住民が働くということがあります。

　冒頭でも述べたように、地域の企業で働く人＝地域住民とは限りません。仮にほとんどの従業員が地域住民であるならば、「企業を支援すること＝働く地域住民を支援すること」となります。

　職住近接のほうが通勤時間も短くて済むので何かと便利です。地域住民がそこで働きたいと思うには、給料や労働条件はもちろん、その企業が何をしているか知っていること、その仕事や製品・サービスなどに魅力を感じてもらうことが必要です。これから就職する若い世代や子どもであればなおさらです。地域住民が働きたいと思える企業になれなければ、将来の雇用確保は望めません。

　学校や保育園・児童館、あるいは親子が参加するイベントなどに地域の企業が関わることには、地域貢献だけではない意味があるのです。

▶▶ 地域住民のためでもあることを忘れない

　産業振興は本来であれば、地域住民と密接に関わり得るものです。逆に、ここから全くはずれてしまうと、自治体が公費を使って取り組む意義が問われてしまいます。

　産業振興担当として働き、日々、企業と接していると、彼らの経営がうまくいくように考えるあまり、住民のための産業振興であるという大前提を忘れそうになることがあります。しかし、どんなに親身に企業のために働き、役に立って感謝されたとしても、その結果として、地域住民が不満に思うようなことがあれば、それは自治体職員がやるべきことではありません。

　地域の企業が取り組んでいること、そして、それを支援する自治体が取り組んでいることが最終的に地域住民のためになるのか、住民はどう受け止めるかということは、常に頭の片隅に置いておくことが重要です。

3 | 8　◎…「臨時的な対応」も怠らない

▶▶担当は日常業務だけとは限らない

　配属されれば、いくつかの個別の事業や課題を割り振られて担当することになり、それが毎日の仕事になります。ほかの部署とは違って、毎日同じことを繰り返すようなルーティン業務はほとんどなく、課題などにそれぞれの地域に即した自分なりの方法で挑むのが日常業務です。ところが、時にそれだけでは済まずに臨時的な対応を求められることがあります。

　臨時的な対応は、あくまで時々突発的に起こるものですから、配属した誰もが経験するものではありません。たまたま逃れて日常業務だけをして異動していく人もいれば、幸か不幸か史上初の事態に何度も遭遇して対処しなければならなくなる人もいます。ここでは、そのような突発事態と臨時的な対応のいくつかを例示します。これらはあくまで例示なので、**誰もまだ想像し得ない事態もこれから起こることがあるのだということは心に止めておいてください。**

　自治体の施策として必要になることはその時々で異なりますので、その都度、上司や同僚と知恵を出し合って対応しましょう。

▶▶地震や豪雨などの自然災害

　典型的な突発事態として挙げられるのが、地震や豪雨などの自然災害です。阪神・淡路大震災や東日本大震災のような広域で大規模のものもあれば、地域的な豪雨による洪水や土砂崩れなどもあります。これらは働く人々の命を危険にさらし、事業所の建物を薙ぎ倒し、水浸しにし、

道路網や光熱水のインフラも破壊して、諸々の経済活動を物理的に困難にしてしまう恐ろしいものです。

　当分の間は事業を縮小・休止せざるを得なくなるので、収入が激減して資金繰りの問題が生じます。操業できなければ、従業員を働かせることもできず給料も払えません。復興に向けてやってもらいたい仕事があったとしても、従業員の被災状況によっては休職・離職のおそれもあります。事業を再開するのには破壊された建物や設備の復旧が必要ですが、建物の再建や大規模修繕、工作機械の購入にかかる費用は莫大です。もしも事業自体は再開できたとしても、災害に伴う環境汚染などが生じていると食料品などの天然資源に依存する産業や観光地は風評被害などにより売上が減少します。

　これらの問題を1つひとつ乗り越えていかねばならないので、復興が実現するまでの道のりは、とても険しいものです。

▶▶ 新型コロナウイルスなどの感染症

　人類を脅かすもう1つの災害が、新型コロナウイルス感染症のような生命に関わる症状を伴う感染症の大流行です。

　新型コロナウイルス感染症の場合には、世界中の経済活動が一時的にほとんど停止し、多くの企業が危機的状況に陥りました。危機的状況は今もまだ回復することなく続いています。

　感染症は、地震などの災害と違って建物やインフラに被害は生じていないので、衣食住の不都合はそれほど大きくありません。一方で、感染防止の観点から人間同士の接触や遠距離の移動が制限されるため、会食や大人数のイベント、旅行などができなくなって飲食店や観光業に致命的なダメージが生じます。従業員やその家族が感染すればマンパワーが減り、それが予測のつかない頻度で断続的に発生します。地震や豪雨が限られた地域で短期間において発生するものであるのに対して、感染症の大流行、いわゆるパンデミックは世界規模で蔓延し、長期間にわたって続くので終わりもなかなか見えません。

▶▶ 国際紛争など海外情勢の影響

　突発的な事態は、地震や豪雨、感染症などの自然現象に由来するものほか、人間が引き起こすものもあります。中でも大きな規模で経済活動に影響を与え、時に長引くのが戦争などの国際紛争です。直近の例ではロシアによるウクライナ侵攻に端を発する、石油などの燃料や小麦などの食糧の価格高騰があります。軍事的衝突まで発展しなくても、国際関係の悪化による輸出入の制限や不買運動、観光客の激減といったことも起こります。また、中小企業でも海外に工場や支店を開設していることもあるので、そこで紛争が起きれば従業員の命も危険です。

　国際紛争などによる影響がどこに及び、いつまで続くのかは、戦況の推移と外交努力によって決まってきます。短期間のうちに和平が成立すれば、影響が大きくなる前に収束するかもしれません。最悪の場合は他国にまで軍事衝突が広がって、テロが発生したり世界大戦にまでなったりして自国にも直接的な影響が及ぶこともあります。

　国境を越えたグローバルな取引が一般化している現在、海外の出来事も国内の一地方の企業に十分に影響を与え得ると考えておいたほうがいいでしょう。

▶▶ 企業による犯罪・事故などの不祥事

　一企業による犯罪・事故などの不祥事の際も臨時的な対応が求められます。企業の製造工程や廃棄物、製品によって引き起こされる重大な事故や、経営者による詐欺、脱税、パワーハラスメントやセクシャルハラスメント、あるいは、個人情報の漏洩や工場内の労働災害などです。

　企業や経営者・社員による犯罪・事故などの不祥事は、当該企業や関係者の責任だけの問題ではありません。それに伴って受発注の減少などが生じると、サプライチェーンの下請け企業にも仕事が減るなど様々に影響が出てきます。このような事態に自治体がどのように対応するかということも重要です。

　自治体の肝入りで誘致した企業や表彰した企業が不祥事を起こせば、

その企業に今まで投じられた公金の取扱いも問題にされるでしょうし、誘致や表彰を進めてきた職員の判断や対応の是非も問われるでしょう。

　このような犯罪・事故が起きないようにするのはもちろんのことですが、起きてしまった後も黙認したり隠蔽したりすれば、傷はより大きくなってしまいます。ここにまで至ると、産業振興ではなく公務員倫理の問題です。

▶▶ 事業継続計画（BCP）の理想と現実

　ここまで挙げた自然災害、国際紛争、犯罪や事故などの危機事象は、発生する時期は別として、ほとんどが事前に想定できるものです。コロナ禍のような事態は想定できなかっただろうと思う方もいるかもしれませんが、感染症による危機事象は10年以上も前から危機管理関係者の間では真剣に議論されていました。

　そのため、これらの危機事象を企業があらかじめ見越して、そのような事態に直面したときに自社の事業を継続できるように計画を立てておく、いわゆる事業継続計画（BCP）の立案ができていることが理想的です。これは、あくまで自主的に行うもので義務ではありません。BCPとは具体的にいうと、従業員の連絡体制の整備や避難訓練、事業所や工場の耐震化、生産や調達の代替手段の用意、当面を乗り切るための事業運転資金の確保、情報のバックアップなどの事業継続のための準備について計画しておくものです。

　しかしながら、現状中小企業でのBCPの策定は進んでいません。国内の中小企業の多くは従業員が数人程度の小規模企業であるため、大企業に比べて人員や費用の確保は容易ではなく、対策に取り組むのにも限度があるのが実情です。

学生に講義する日が来るとは……。

受験を諦めた大学で講義する

　自治体職員として住民向け説明会で話す機会は時折ありますが、産業振興担当の部署には、住民以外の人々からも「産業の歴史と施策について説明してほしい」と依頼されることがあります。

　かつて成績の悪さから著者が受験を諦めた大学からの依頼で、自分が講義をすることになったときは妙な気分でした。また、複数の自治体で構成する広域連合からの視察を受け入れ、居並ぶ市長や町長、地方議会議員らを前に恐縮しながら説明した、なんてこともありました。

　人前でしゃべるのが苦手だと言っていた後輩職員が、経験を重ねるうちに十数人を前にしっかり説明している姿を見たときは何やらうれしくなったものです。

若者に元気をもらう

　授業やゼミの研究、インターンなどで高校生や大学生の若者と関われるのは楽しくもあります。彼ら・彼女らは経験も知識もなく自信なさげで頼りないですが、良くも悪くも世慣れた大人と違い、素直で可愛くて仕方ありません。中には平気でドタキャンする困り者もいますが。

　海外の工科大学から来日した学生たちに地域を案内した後、下町の居酒屋で飲んだのもいい思い出です。数年前にインターンを受け入れた地元の高校生がくれたガラスのトンボ玉は、今も自宅に飾っています。

　現在は産学官連携でデザインや建築を学ぶ学生たちと関わる日々を送っています。卒論に苦労しているのを応援したり、就職が決まって喜んだりと、親戚みたいな気持ちを味わいながら付き合っています。

第 4 章

産業振興施策に取り組む前の注意点

本章では、産業振興担当者が業務に取り組む前にしておきたいこととして、担当事業の経緯や実績の把握、地域の主観的な実情や客観的な特徴の理解などを取り上げます。

4｜1 ◎…「現状と経緯」を 把握し基礎知識を 身に付ける

▶▶ 担当者の引継ぎと資料から情報を得る

　担当職員として産業振興施策に取り組むには、何の予習も考えもなし
にいきなり動き出すわけにはいきません。通常は、配属されれば何らか
の事業の担当になります。まずはその担当事業の現状や経緯を把握し、
最低限の基礎知識を身に付けましょう。それがなければ、これから何を
検討し、どのような動きをすればいいかはわかりようもありません。

　新たに担当者になれば前任者からの引継ぎがあるはずで、それを踏ま
えて仕事を進めるのが基本です。このときに前任者から現状や事業の経
緯を聞いておきましょう。しかし、引継ぎは前任者の個性によって程度
がまちまちです。整然とまとめられた引継ぎ資料に基づいてわかりやす
く説明を受けることもあれば、ごく簡潔な資料だけで終わることもあり
ます。産業振興担当の業務の多くは決まったルーティンを日々繰り返す
業務ではなく、簡潔なマニュアルやフローチャートでは伝わりきらない
ことが多いものです。前任者としても引き継ぐ難しさがあって、結果と
して概略だけを伝えて、後は「上司に相談しながら自分なりの進め方で
やれば大丈夫」という言い方になることもあります。

　**数時間の引継ぎと概略の資料だけで十分に理解することは難しいの
で、関係書類などを自ら確認してから取り組むことが必要です。**

▶▶ 当年度の予算で使えるお金を知る

　引き継いだ後にまず確認しておきたいのが、担当事業の予算です。こ
れから自分がやる仕事は、どのような内容でいくらの金額を使うことが

■産業振興に関する事業の予算（例）

報償費 ・審議会の委員謝礼	報償金 24,000円×8人×2回
負担金補助及び交付金 ・販路開拓補助金 ・産業まつり実行委員会補助金	補助金・交付金 250,000円×10社 2,000,000円

見込まれているのかを知っておく必要があります。

　上の表のような予算の場合、以下のようなことがわかります。

・8人の委員が出席する審議会を年2回開くこと

・販路開拓補助金の予算は10社に交付する分しかないこと

・販路開拓補助金の募集チラシの印刷予算は計上されていないので、作りたい場合は庁内でデザイン・印刷するしかないこと

・産業まつりは自治体主体ではなく実行委員会方式で開くので、庁内の契約手続を通さずに予算をある程度は柔軟に使えること

　このように担当事業の予算の金額や内訳、つまり、何ができて何ができないかを知っておくことは担当職員としての基本です。

▶▶前年度までの文書と決算で全体の流れをイメージする

　予算のほかに押さえておきたいのが、前年度までの文書と決算です。これらで書類上での仕事の流れや実際に使った経費を確認します。例えば補助金を支払うには、次のような文書の手続きを経ることになります。

【補助金の交付・支払いに関する文書上の手続き（例）】

①補助金の申請に基づき交付を決定する文書

②補助金の実績報告に基づき補助金額を確定する文書

③確定した補助金額の請求書に基づき支払いをする文書

　このような文書の内容や作成する時期は、担当事業によってまちまちです。年度当初に交付申請が集中して予算を使い切ってしまう事業もあれば、イベントを年度末に行うために秋頃から準備の手続きが動き出す

事業もあります。前年度までの文書や決算額にあらかじめ目を通しておけば、いつ頃にどんな仕事をすればいいのか、最終的にいくらぐらいのお金を使うのかをイメージしておくことができます。

ただし毎年同じスケジュールと内容で実施するとは限らないということに気を付けましょう。近年のコロナ禍で見られたように通常のイベントが中止されていれば、そのときの文書をそのまま参考にはできません。また、講師の都合で講演会の開催時期を例年と違う時期にしていることもあります。前年度までの文書と決算は、あくまで参考にすぎません。

なお、実行委員会方式で事業を行っている場合、実行委員会は厳密には自治体とは別の組織になるので、決定手続の文書や領収書が自治体の管理方式とは別の方式で庁内に保管されている可能性があります。見つからなければ前任者に聞いてみましょう。

▶▶▶ 関係法令・総合計画で根拠・方針を確認する

本来、担当事業に取り組むにあたって押さえておくべきなのに目の前の事務に忙殺されて忘れがちなのが、根拠とする法令や行政計画です。

産業振興担当の事業は自由度が高くて法令に基づくものが少ないものの、一部の事業には自治体独自の条例や要綱も制定されていて、それに基づいて事務を行わなければなりません。

例えば補助金を交付する事業は、多くの場合、補助の対象者や対象経費、補助率や補助金額の上限、補助金の交付申請から支払いまでの手続きなどが要綱で定められています。このため、例年と違うケースが生じるなどしたときには、担当職員の考えだけで是非を決められるわけではなく、条例や要綱を法的に解釈して判断することが必要です。

また、条例や要綱の定めがない事業であっても、ほとんどの自治体で全ての事業が独自の基本構想・基本計画などの総合計画のもとで実施されています。基本構想・基本計画などの総合計画とは、産業振興に限らない福祉や教育なども含めた自治体全体の行政運営の総合的な方針を定めたものです。自治体によっては、さらに下位の計画として、地域の産業振興や観光振興に関する計画を策定していることもあります。

これらはあくまで大枠を示しているものに過ぎないので、常にそれら
を参照して事務を進めねばならないわけではありません。しかしながら、
これらは自治体として地域をどのようなまちにしていこうとしているの
か、産業振興の観点では何を重視しているのかを示しているので、要点
を理解することは必要です。特に担当事業の方向性を大きく変更しよう
とする際には、これらの趣旨に反しないようにしなければなりません。

▶▶▶ 経緯を把握して経験の少なさをカバーする

　正式な手続文書などのほかに知っておきたいのが、担当事業が始まっ
て今に至るまでの経緯です。

　どの事業も何らかの理由があって始まり、その時々の声を受けて見直
されていることもあります。例えば、「当初は自治体主導の委託契約で
行っていたのを、地域主体に変えていくために実行委員会への補助金に
見直している」などの経緯です。このような経緯こそが、業務を進めて
いくうえで重要です。変わったこともなく例年どおり進めていけるぶん
には、これらの経緯を知らなくても支障ありませんが、地域の企業や上
司から「○○の点が不満だ」「○○のやり方を変えてほしい」などと例
年と違う展開を求められた際、なぜ今のような事業内容になっているの
かという経緯を理解していないと、見直すに際して何がネックかがわか
りません。

　担当職員は人事異動で短いと毎年、長くても３〜５年で変わってしま
いますが、相手方の地域の人は何年も何十年も同じ人です。事業の経緯
に詳しいのは、自治体の職員ではなく地域の人ということが往々にして
あります。職員としての経験の少なさはやむを得ないとしても、地域の
人と齟齬なく話をするために経緯を知っておきたいものです。

　経緯は、公式な手続文書だけでなく、過去の会議録や予算・決算の資
料、当時の検討メモやメールの文面などに非公式な形で残されているこ
とがあります。歴史学者が古文書を探り当てるのにも似ていますが、時
間に余裕があるときに、このような調べ物をしておくと後で役立ちます。

4|2 ◎…「これまでの実績・成果」を把握して自分なりに評価する

▶▶ 前年度までの実績・成果を把握する

　産業振興施策に取り組むとき、全くの新規スタートの事業を除く全ての事業に、前年度までの何らかの実績・成果があります。これらを知らないまま、ただ引き継がれたマニュアルの順番どおりに仕事を進めようとしても上手くいかないことがあるので注意が必要です。

　前年度の実績が悪かったのに前例踏襲の進め方をすれば、同じ失敗を繰り返すことになります。予算の執行残額が多く発生したり実績ゼロになったりすると、後に監査や議会で厳しく指摘されるかもしれません。

　そうならないように、担当職員として前年度までの課題と対策を自分なりに考え、実施内容や進め方を改める必要があります。また、前年度までの実績がよければ基本的には同じ進め方でよいですが、イベントの人気がありすぎて参加できない人が多く生じたり、補助金のニーズがありすぎて予算が足りなくなったりしていれば、注意しなければなりません。実績を踏まえて本年度の予算を増額するなどの対策がされていればよいのですが、それが十分でないと今年度に苦情が出るかもしれません。

　産業振興の事業の多くは、法定の手続きを行うものではなく、自治体の目的に沿って計画されているものです。それだけに投じた予算分の成果を問われます。実績・成果を意識して取り組むことは、大変重要です。

▶▶ どのような活動をしてきたかという実績

　数字で確認できる実績の1つとして、その事業がどのような活動をしてきたかということがあります。例えば次のようなものです。

① **実施回数**

　イベント、講演会、会議などを何回行ったかという回数です。回数が多ければ、それだけ活発に事業を行ってきたことになります。

② **発行部数・発信回数**

　PR用のチラシやポスターの発行部数、ホームページの更新回数、TwitterやInstagramなどのSNSでの発信回数です。数が多ければ、それだけ精力的に発信してきたことになります。

③ **予算の執行額・執行率**

　経費を伴う事業であれば、いくら使ったか、予算の何割を使ったかが結果として出てきます。残額が多ければ、予定していたことをやらなかった、またはできなかったと見ることもできます。

　ここまで読んで、皆さんの中で疑問を感じた方はいませんか。イベントをやってもお客が来ていなかったら？　SNSで発信をしても見られていなかったら？　予算が残っているのは無駄づかいせず効率的に行ったからだったら？　実績の数字には、このような疑問が伴うことに注意してください。活動としての実績は1つの参考にはなりますが、これだけで事業の成果を評価することはできません。

▶▶ 直接的な結果としての実績

　事業がどのような活動をしてきたかという実績の数字は、中身の質に関係なく増やそうと思えば増やせるものです。もちろん何もしなければ、それも実現できないので全く意味がないものではありません。ただ、産業振興施策に取り組むに際して大事なのは、取り組んだかどうかだけでなく、取り組んだ結果がどうだったかです。

　そこで、活動の直接的な結果がどうだったかを見てみます。例えば、次のようなものが挙げられます。

① **参加者数**

　イベントの来場者数、講演会の受講者数などです。同じイベントでも

来場者が数人か数千人かで評価は異なってきます。

② **アクセス数・フォロワー数**

ホームページが閲覧された数、SNSの「いいね！」やフォロワーの数などです。どんなに頻繁にSNSで情報発信していたとしても、ほとんど見られず共感を得られていなければ、効果は限定されます。

③ **補助金の交付件数**

イベントの実施や新製品開発などに伴う経費に対して補助金を交付している場合、その交付件数が多ければ、地域内のニーズに対応できていると考えることができます。

　これらの数字は、把握しやすいものと把握しにくいものがあります。入場受付などを経るイベントであれば来場者数は正確にわかりますが、入退場自由の屋外の花火大会のようなイベントは来場者数の把握が難しいものです。PR用の媒体のうち、電子媒体は閲覧数や反応がある程度把握できますが、紙のチラシやパンフレットは、公共施設などへの配布数は把握できても配布先で実際に見てもらえたか見られずに廃棄されてしまったかまで把握することはできません。

　ところで、このような活動の直接的な結果としての数が前年度に比べて増えていたとしても、厳密にはそれだけで成果が出たとは言い切れません。観光イベントの来場者が多かったとしても、満足してくれていたかはわかりません。補助金が交付されたとしても、それだけでは目指していた効果が出たのかまではわかりません。これらの実績だけで安易に評価せず、目的を果たせたといえるかまで含めて考察しましょう。

▶▶▶ 目的が達成されたかという成果

　活動自体の実績や、その活動の直接的な結果としての実績は今後の事業のあり方を考えるための大事な評価材料ですが、単純に事業の成果とするのが適切でないことがあります。これらは表面的なものにすぎず、事業を実施する理由である目的の達成度が、十分に測れないためです。

　講演会の実施目的が、創業数を増やすために創業希望者に創業のノウハウを学んでもらうことだとしたら、どうでしょうか。受講者が50人

いて盛況だったとしても、その受講者の中に創業希望者がほとんどいなかったり、創業希望者がいても受講後に創業していなかったりしたら、実施目的を果たしているとはいえません。50人も受講していれば、そのようなことは起こり得ないと思うかもしれませんが、講演会やイベントを実施して集客すると起こりがちなのが身内の参加です。集客に苦しんで担当部署の職員が動員されるということだけでなく、純粋な善意や興味で知人が関わっているイベントに参加する人は結構います。それ自体が悪いわけではありませんが、受講者の顔触れを調べてみたら知り合いばかりだったということもあり、それでは公費を使って実施する意味は乏しいといえます。

　また、補助金の目的が新製品開発による販路開拓・下請け脱却だとしたら、どうでしょうか。補助金を使って開発した新製品が全く売れずに終わっていれば、これも目的を果たしているとはいえません。

　表面的な実績の数字に惑わされず、事業の目的自体が達成できているのかという視点でも成果を測る必要があります。

▶▶ 実績・成果を踏まえて取り組み方を考える

　新たに担当職員になったときに、過去の実績・成果を変えることはできませんし、測定していなかった数値を後から調べることも現実的には不可能に近いです。あくまで残されている数値や経験談を参考にして、担当事業の実績・成果を推測し、自分なりに評価するしかありません。

　大事なのは、それを踏まえたうえで、皆さんが担当事業にどのように取り組むかです。**順調に成果につながっている事業であれば、今までの進め方を尊重していくのがいいでしょう。成果に疑問があれば、やり方をどのように改めるのか検討して臨む必要があります。**

　成果を測れていないとすれば、新しい方法も考えたいところです。創業希望者向けの講演会で受講後の創業意向のアンケートを取る、補助金を活用して開発した新製品の売上を報告してもらう、などが考えられます。いずれにしろ担当職員には前年度より進歩することが求められるので、実績・成果を把握して自分なりの進め方を考えましょう。

4│3 ◎…「主観的な情報」で地域の実情を知る

▶▶▶ 公式な会議で発言力のある人の声を拾う

　産業振興施策は生ものです。例年行っている事業でも、そのときの景気や関与する企業の経営状態などによって、ニーズや期待できる効果が変わってきます。そのため、皆さんの担当事業とそれに関係する地域の人々が今どのような状況に置かれていて、どのように考えているかを随時把握しなければ、地域に即した施策にしていくことはできません。

　地域の声を知るための最も公式的・事務的な手段として、会議での意見交換があります。どこの自治体でも、商業・工業・観光などの地域産業関係者と自治体の首長や幹部職員とが意見交換をする機会を設けています。正式な諮問機関として産業振興に関する審議会を設け、毎年、座長のもとで産業振興に関して議論している自治体もあります。あるいは、地域産業の同業者の組合や商店会、商工会議所などの経済団体が、自治体との懇談会を行ったり自治体に対して要望活動を行ったりするところもあります。

　このような公式な会議は、多くの場合は地域産業の代表者的な人々が参加します。つまり、同業者組合の代表、商店会の会長、商工会議所の会頭などです。発言力のある人々の声を聞く場になるので、このような会議で出た強い要望や苦情は自治体として無視できません。丸ごとのむかは別としても、出た意見を踏まえて見直しを検討するなど担当職員として相応の対応が求められることもあるので、機会があれば出席して傍聴することをお勧めします。

　ただ、公式な会議は主に地位のある人々が集まる政治色の強い場です。そのような場で皆さんに発言する機会が生じた際には、あまりに露骨な

本音や実情を口にすると支障が生じるので気を付けてください。

　なお、このような場での地域を代表する人々の意見は重要ではあるものの、あくまで代表の公式発言なので、代表以外の企業や社員の本音と一致しているとは限りません。参考にしつつも、それがほかの関係者も賛同する地域全体の傾向とまでいえるのか検証が必要なこともあります。

▶▶ 事務的な打ち合わせで担当者レベルの声を拾う

　前述の公式な会議は、皆さんが直接関係する担当職員でないと同席できないかもしれませんが、産業振興担当の職員であれば、担当事業に関する打ち合わせは必ずあります。補助金に関しての相談や申請手続きの対応、イベント実施に向けた関係企業との打合せなどです。

　このような打合せを、単に最低限の要件を聞いたり説明したりするだけの場にしてしまうのはもったいないです。住民票の写しを取りに来た住民に近況を訊くようなことはできませんが、産業振興の事業に関わる企業と接して最近の経営状況やニーズを訊くのは自然な会話ですし、それこそが担当職員に必要な関心と姿勢です。

　販路開拓の補助金の相談に来た中小企業の人に、制度上の要件に合わないから「対象外です」と答えるだけでも、その場の仕事は成立します。しかし、望ましいのは、現行の補助金の要件が適切か、その企業の売上などの経営状況がどうなっているかも含めて相手の話を聞くことです。また、補助金を利用した人が事後報告の手続きに来たら、書類に不備がないかチェックするだけでなく、補助金を使って販路開拓に臨んでみた感触はどうか、その効果や制度上の課題についても話したいところです。

　そのようにして、皆さんの担当事業が実際のところ地域の企業にとってどのような位置付けになっているのかを知ることができます。これにより、今後の事業の進め方が拡充なのか見直しなのかも決まってくるものです。

▶▶▶工場・店舗などへの訪問で現場を知る

　ここまで挙げた公式な会議や事務的な打ち合わせの多くは、自治体の庁舎などで行われます。しかしながら、**地域産業が日々動いているのは会議室ではなく工場・店舗などの現場**です。どんなに庁舎の会議室で多くの言葉を交わしても、工作機械を動かす職人の技や消費者を楽しませる店舗の接客、観光客を感動させる名所旧跡の魅力を実感することはできません。それらを全く知らずに産業振興を語っても、説得力はなく、実情に沿ったものにはならないでしょう。

　常に機会を捉えては、工場・店舗などの現場を訪問してみてください。企業の了解が得られれば、前述の公式な会議や事務的な打ち合わせの会場を工場・店舗とすることも考えられます。あるいは、地域の学校やほかの自治体などが見学・視察に来た際に、皆さんも同行させてもらうというのも手です。あまり大人数ではない場合、例えば、担当者同士の1対1の打ち合わせであれば、相手に来庁すると言われても皆さんが先方を訪問することを提案してみてください。工場・店舗の中を見て話を聞けば、事務的なやりとりだけではわからなかった社員の様子や来店者の反応など多くのことを肌で感じ、知ることができます。

　ただ、現場は企業の人々が売上を得るために懸命に努力している戦場です。町工場を訪問する際には安全上の問題があるハイヒールや裾が広がりやすいロングコートやスカートなどを避けるといった最低限の配慮は怠らず、現場の人の心象を損ねないように注意してください。

▶▶▶さらなる積極的な現場訪問で広く深く理解する

　さらに1歩踏み込んだプラスアルファの動きとして、絶対に行かねばならないわけではないけれども、行けば実態をより理解できる場所に自ら積極的に訪問することがあります。

　例を挙げると、企業による展示会への出店、店舗や商店街の販促イベント、社長が登壇する民間のセミナーなどです。これらは、仮に行かなかったとしても業務に直接的な支障が出るものではありません。しかし、

このような現場訪問をどれだけ重ねるかで、地域産業の事情への理解度には大きな差が出てきます。

　前述の会議や打合せ、それに伴う現場訪問は、企業があらかじめわかっているものです。ある意味、よそ行きの姿です。一方、積極的な現場訪問はより生の企業の姿に接することができる機会です。その企業、あるいは観光スポットを1人の一般人として見られるだけでなく、展示会やイベントなどであればほかの人々がどのように反応しているかも見られます。場合によっては、話に聞いていたのとは違って担当事業の実際の評価が低かったという不都合な真実が判明するかもしれません。

　また、プラスアルファの現場訪問で得られる大きな効果は、皆さんのそんな行動力を目のあたりにした地域の企業が意気に感じてくれるということです。来なくても済むのに、わざわざ自社のために足を運んでくれる担当職員は、ほかの職員よりも早く、そして深い信頼を得られます。これは何よりも職務を進めていくうえで重要なことです。

▶▶ SNS のチェックで企業の様子を知る

　地域の企業の活動実態や思いを知る手法として、Twitter やInstagram、YouTube などの SNS があります。新聞やテレビに地域の企業が取り上げられれば、多くの自治体では職員間で共有がされるでしょうが、各社が発信している SNS は数が多いこともあって組織的にチェックしきれていないことが多いようです。

　ところが、地域産業の情報は規模の小さい企業になればなるほど新聞やテレビでは取り上げられる機会が少ないので、SNS の情報が貴重になります。よほど注目してほしい情報であれば企業側から担当職員にあらかじめ連絡が来ますが、中小企業は人手に余裕がないので何もかもいちいち自治体の担当職員に連絡していられません。そのため、企業の公式 SNS や社長・店長の個人 SNS の情報を、担当職員が自らフォローしておくことをお勧めします。

　それによって、職場内の公式情報ではつかみきれない企業の動きを知ることができ、積極的な現場訪問などもできるようになります。

4|4 ◎…「客観的な情報」で特徴や傾向を知る

▶▶近視眼にならない客観性も大事にする

会議や打合せ、現場訪問で得られる情報は、良くも悪くも目の前の社長・店長などが置かれたミクロの状況です。それらは現場の生の実情や声であるという意味で非常に重要な一方、限定的なものに過ぎません。どこの地域にも複数の企業がいて、様々な状況や意見の人がいる可能性があります。より多くの主観的な情報を収集することでバランスを取ることもできますが、客観的なマクロの情報に目を向けることも必要です。

これからの自治体には、より客観的で合理的な証拠（エビデンス）に基づく政策立案（Evidence Based Policy Making、略称：EBPM）が求められます。それは産業振興施策の取組みに際しても同様です。

▶▶自治体の調査で地域の客観的情報を知る

地域の特徴を知るのに最も適しているのは、自治体が独自に行っている調査です。その地域に限定し、地域内の町丁目などのより細かい地区別に集計することもあるので、詳細の把握と分析が可能になります。例えば、定期的に住民意識を調査するアンケートを行い、その中で産業振興施策の必要性や地域産業への理解や評価を経年で把握していたり、自治体が運営するコミュニティバスの利用状況を調査していたりします。

あまり古いデータでは参考になりませんが、直近10年以内に何らかの調査が行われていれば目を通しておくと参考になるでしょう。見付けやすいところでは、自治体の基本構想・基本計画、産業振興に関する計画などを策定する際に行われた事前調査などがあります。

ただ、残念ながら自治体による独自の調査はあまり多くありません。しっかり調査しようとすると予算や手間がかかるのが大きな理由です。また、調査対象の一部を抽出して行っていて全件調査ではないこともあり、あくまで傾向を推測する程度しかできないこともあります。

▶▶ 国などによる調査で全国の客観的情報を知る

　産業に関する調査は国が行っており、政府統計ポータルサイト「e-Stat 政府統計の総合窓口」で見ることができます。全国単位の調査ですから、ほかの地域と比較することもできます。

　最も有名なところでは、日本に住む全ての人と世帯を対象とする国勢調査があります。これまでの総人口や主要な労働力となる年代層である生産年齢の人口などがわかるものです。

　また、経済分野に特化したものとしては、総務省統計局が公開する「経済センサス」があります。地域産業の業種別の事業所の数や従業員の数、付加価値額（企業が生み出した価値を売上から原価などを引いた金額で表したもの）を知ることができるものです。どのような産業が地域内で多く、それは増えているのか減っているのか、その事業活動でどれくらいの価値を生み出しているのかなどがわかります。

　事業所の数と従業員の数、付加価値額は必ずしも比例しません。例えば、地域内の事業所の数が少なくても、1つの事業所が巨大企業であれば、そこで働く従業員の数は、零細企業が100社あるよりも多くなります。これらの特徴が、自治体としてどの業種・どの規模の企業を支援することが地域にとって重要かという政策判断の材料になります。地域内の付加価値や雇用を少数の大企業が圧倒的に占めているような、いわゆる企業城下町であれば、それらの大企業と地域がいかに共存し続けるかが考えられます。その大企業が海外などに移転する可能性があるとすれば、先を見越して、新たな企業を誘致するのか、既存の別の産業が地域を支えていけるようにするのかなどの方策を練ることになるでしょう。

　国の資料のほか、民間企業が独自に調査したデータが報道などで紹介されることもあるので、アンテナを張っておくと参考になります。

▶▶ RESASで可視化した情報を見る

　調査結果の生データは表形式で細かく数字が並んでいるもので、慣れない人だと見ていてもよくわかりません。そこで、それらの地域経済に関するビッグデータを地図やグラフでわかりやすく可視化したものを見ることができる地域経済分析システム「RESAS（リーサス）」というサイトを、国がインターネット上で公開しています。前述した国勢調査などに基づく地域別の総人口や生産年齢人口の推移を折れ線グラフで表示したり、地域内で働く住民の数を製造業やサービス業などの産業別に棒グラフで表示したりできるものです。そのほかにも、地域の企業数や売上高の産業別の割合を大小のタイルを組み合わせたような図で表示する産業構造マップなど、84件の様々なメニューがあります。

■ RESASの産業構造マップ（例）

▶▶ 調査結果を見る際の注意点

　客観的な情報として調査結果を見る際は、いくつか注意しなければならないことがあります。

まず、毎年行っていない調査もあるということです。国勢調査や経済センサスなどは数年に1回しか調査をしていません。このため、参考にする時点によっては最新の調査結果が何年も前の数字になってしまいます。ましてや自治体が基本計画などを策定する際に調査した結果は、10年以上前の数字ということもあり、現状を示しているとは限りません。

もう1つ大事なことが、調査によって項目の定義が異なるかもしれないということです。例えば、住民に外国人を含むかどうか、事業所は地域内に本社があるものだけか、それとも支店も含むかなど、調査やその実施年次によって定義が異なることがあります。それを知らずに別々の調査結果や年次の異なる調査結果を単純に比較してしまうと、思わぬところで間違った読み取り方をしてしまうので注意が必要です。

▶▶▶ 客観的な情報をどう活かすか

得られた客観的情報は、どうやって、どれくらい、皆さんの担当事業に活かせるでしょうか。住民意識を調査するアンケートの結果、地域の名産品の認知度が若者年代層で低ければ、SNSなどで若者向けにアピールすることが考えられます。

前述のような調査は、大きな範囲で1つの特徴や傾向を示すだけのものです。実際の現場の課題には多くの要素が複雑に絡み合ってくるので、1つの調査結果だけに基づいて方向性を決めてもうまくはいきません。

例えば、イベントをする際、地域の人口構造は高齢者が多いからと高齢者向けの内容にするとしても、地域の高齢者の所得や趣味嗜好がどのようなものか、生活サイクルとして外出しやすい日時はいつか、高齢者宅からイベント会場への移動手段は何が多いか等々、色々な要素があります。もしかしたら、イベントの目的を考えた場合には地域の高齢者ではなく遠方の若者を呼び込む方が適切かもしれません。

事業を進めていくには、安易な思込みに陥らずに本当に必要なことは何かをじっくり見極めて調査結果を上手に活用することが必要です。

4|5 ◎…「庁内外の関係」を 把握して効果的に 連携する

▶▶ 実務を意識して連携に取り組む

担当事業の経緯や実績、関連する地域の現場や統計調査を知ることで、大部分は仕事をこなすことはできます。しかし、これだけでは、まだつまずいたり不都合が生じたりすることは避けられません。

産業振興の仕事は様々に関わり合い、絡まり合っています。担当事業がそれだけで成り立っているわけではなく、ほかの事業とつながっているので、それらの整合性の配慮が必要です。

また、**地域の内外に様々な関係者、ステークホルダーがいます。それらの人々は皆が同じ立場や影響力を有しているわけではなく、それぞれの個性に適した接し方をしないと、うまくいくものもいきません。**

このような、実務を意識した「連携」の注意点について触れてみます。

▶▶ 類似する事業の棲み分けや連携を意識する

皆さんが担当する事業は、それと部分的に類似する事業が同じ組織や国などの別組織で行われているかもしれません。

例えば、商店街が行うイベントに対する補助金と地域の製造業者が行うイベントに対する補助金があって、地域の製造業者が自社商品の販売店舗を商店街に持っている場合には、その業者はどちらの補助金の対象にもなり得ます。創業者に対する補助金と融資のあっせんがあれば、どちらも創業者を金銭的に支援するという意味では類似する事業です。しかし、それらが類似する事業であったとしても、多くの場合、異なる担当職員が受け持っていることでしょう。下手をすると同じ部署に類似の

事業があることを全く知らなかったり、頭ではわかっていても普段は忘れていたりしてしまいがちです。市区町村と都道府県、国の間の事業の重複になればなおさら、類似の事業に気付かないことが起こりがちです。しかし本来は類似する事業があれば、両者の相違点を明確にして棲み分けつつ、共通点はうまく連携して相乗効果が出るようにしていくのが理想です。

　それができていないと、仕事の進め方にも支障が出ます。例えば、創業者から融資の申請が来たとき、担当する融資の可否だけを伝えてほかに補助金も申請できることを伝えられず、相手にとって有利になるかもしれない選択肢を提示できないようなことが生じます。それぞれの担当職員の情報共有ができていないと、自治体の別々の担当職員から似た事業の案内を別々にされて混乱させてしまうかもしれません。

　皆さんが担当する事業だけではなく、関連する事業やその担当職員もできるだけ把握して、効果的に企業を支援できるようにしましょう。

▶▶ 重複する関係者の情報を共有する

　産業振興担当がごく少人数の組織の自治体を除いて、担当部署には複数の職員がいて複数の事業を担当し、類似の事業が時折あるだけでなく、関わる企業の人々も重複していることが往々にしてあります。

　右肩上がりの経済ではなくなっているとはいえ、大抵の地域には様々な業種の企業が何百、何千、何万とあるでしょうが、産業振興担当の部署がその全てと関わりを持つということは、ほぼありません。自治体と関わろうとはしない企業も多くあります。つまり、担当職員が関わる企業は、実際は地域内の全企業の一部です。その中でも支援を頻繁に希望する企業や地域の産業振興に積極的に貢献しようとする企業の顔触れは決まってくるので、出会う相手は重なってきます。経営に課題を抱えていて前向きに変革していこうとする小規模な企業であれば、下請け脱却も販路開拓も事業承継も考えるでしょうし、観光事業にも関心を持ちます。このようにいくつかの別の事業を受け持つ担当職員にそれぞれ申請や相談をすることがあるのです。

ところが、それぞれが別の事業なので担当職員は異なっており、縦割りの弊害が生じることがあります。企業にとってみれば、参加予定のイベント、新発売した商品や表彰された実績などは、1人の職員に話せば、自社と既に関係しているほかの職員にも共有されると思うのが当然です。このため、ほかの職員には既に知らされていることを全く知らないでいると、「同じ課の○○さんに話したよ」と言われて恥をかくことになります。ましてや、それが隣に座っている職員同士で情報共有ができていなかったとなると、職員間の仲が悪いのかと疑われ信頼を失いかねません。

皆さんが関わっている企業は同じ部署のほかの職員も関わっているかもしれないと思っておきましょう。ほかの職員の会話や扱っている書類の中に出てくる企業の名前に注意するとともに、皆さんが得た企業の情報は、関係しそうなほかの職員にも伝えるようにする配慮が大切です。

▶▶▶ キーパーソンを押さえる

商業、工業、観光など様々な産業振興分野で重複して関わる人々がいる中で、特に発言力があったり影響力が強かったりするキーパーソンには注意が必要です。恐らくどこの地域の産業界にも、その地域の名士、有名人がいます。それは商工会議所の会頭や同業者組合の理事長などの明確な役職を持った方もいれば、そうではない人もいます。

良くも悪くも、このような人々の言動に行政も業界も大なり小なり影響されることがあるのが現実です。極端な場合、1人のキーパーソンに配慮せずに物事を進めてしまった結果、そのほかの関係者に了解を得たうえで庁内手続きを終えた取組みであっても頓挫しかねません。それが理不尽かどうかの問題ではなく、皆さんは現実を受け止めて適切に振る舞い、その中で地域にとって最善の策を打っていく必要があります。

まずは、誰がキーパーソンかを知ることです。担当事業に直接関係するキーパーソンは前任者にあらかじめ訊いておくことをお勧めします。また、ほかの職員の会話や電話でのやりとりでよく出てくる名前、窓口に来庁すると上司をはじめとする多くの職員が敏感に反応する人物に注

意を傾けておき、後で誰なのか教えてもらいましょう。これを続けていると、徐々にキーパーソンの顔触れや個性がわかってきます。

キーパーソンにも様々な人がいるので、影響力が強いという意味では同じでも個々の性格はまちまちです。悪質な危険人物というわけではないので、必要以上に恐れる必要はありません。ただ、中には、職員なら自分を知っていて当然と思い込んでいて、異動してまもない職員が知らずに本人に名前などを訊いてしまうと気分を害する人もいます。そういうことを気にされる人の肩書、名前、顔は早めに覚えましょう。

▶▶▶ 庁内外の政治を理解して臨む

キーパーソンをはじめとする主要な関係者を覚えたら、次に把握しておきたいのが、それらの人々同士の人間関係や力関係です。産業振興担当の仕事には、企業、それらが構成する団体から庁内の関係部署まで様々なステークホルダーがいます。産業振興に取り組むうえで客観的データや合理的な政策形成も大事ですが、結局のところは生身の人間が相互に関わり合うことなので、それぞれの個性や感情によって動きは大きく左右されます。

庁外のキーパーソンも1人とは限らず、キーパーソンAとキーパーソンBの仲があまりよくないときは注意が必要です。不用意に2人を同席させたり、Aとの打ち合わせの場でBの成功例を話題に出したりすると、本来は上手くいく話もこじれてしまうことがあります。同業者同士は商売上の競争相手でもあるので、特に注意が必要です。

これは庁外の関係者だけでなく、庁内で関係する部署や職員との付き合い方に関しても同様です。同じ産業振興担当の部署内でも、それぞれが別の事業を担当しているので、その事業内容や担当職員の性格によっては、積極的に連携しようとする場合と事務的な縦割りに陥っていて協力関係を取ろうとしない場合もあります。生産的でないと思うかもしれませんが、そのようなこともあるのが実態です。

事の是非はともかく、皆さんに関わる方々の人間関係や力関係を理解して臨むことも、担当事業をつつがなく進めていくためには必要です。

COLUMN・4

ランチも仕事のうち？

外出ついでのリサーチ・ランチ

お昼ごはんはどこで何を食べていますか？

手作り弁当を持参するのも、近くにある大手チェーンのファストフード店で食べるのもよいですが、産業振興担当としては、どうでしょう？

著者は仕事で町工場などに行くたび、その近くや移動経路にあるお店でランチをすることにしています。勤務時間に遊んでいるわけではありません。地域の飲食店はどんな場所にあり、どんな味で、どんな客が来ているのか、それを知るのも仕事のうち。老舗の名店や最近できた話題の店を全く知らずに、地域の魅力を語っても説得力がありません。

だから、できるだけランチの時間に合わせて外出します。ランチのための外出ではなく、仕事で外出するついでのリサーチ・ランチです。

職員同士のコミュニケーションにもよし

外出ついでのランチを、後輩職員と一緒にすることもあります。

その際は飲食店をリサーチするだけじゃなく、一緒に食べる職員同士でお互いの仕事やプライベートの状況など、色々おしゃべりします。事務室でも話はできますが、外出先のいつもと違う場所でランチをしながらおしゃべりするほうがオープンになれるので、その人の考え方もわかるものです。

ときには後輩から、「今日はあの店に行ってみたい」と言われたり、食べながら仕事上の悩みを話し合ったり。後輩の意見に納得して仕事の方針を見直したこともありました。

ランチは職場コミュニケーションの潤滑油でもあります。もちろん誰と何を食べるかは人それぞれなので、強制はできませんが。

第 **5** 章

産業振興のための
主な施策

本 章では、産業振興担当者が取り組む主な施策として、相談・セミナー、補助金などの金銭支援、イベント、認定・表彰、プロモーション媒体などのポイントを取り上げます。

5│1 ◎…「相談対応・セミナー開催」で必要な情報を提供する

▶▶ 専門知識などの情報を提供する

　地域産業の課題を解決するための施策のうち、主要なものの1つが、商工業者や観光事業者にとって必要な専門知識やネットワークなどの情報を提供することです。ビジネスや観光に関する個別の相談への対応と、複数の人々に一度に情報を提供するセミナーや講演会などがあり、例としては以下のものが挙げられます。

【相談対応・セミナー（例）】

・下請取引に関する相談受付
・自社製品開発の手法を学ぶセミナー
・海外展開やオンライン販売に関する相談受付
・事業承継に関する相談受付
・創業希望者のためのセミナー
・観光客のための観光案内
・フィルムコミッション（ロケ撮影に関する相談受付）
・空き店舗・空き工場などの事業用物件の情報提供
・新型コロナウイルス感染症の影響に関する相談受付

▶▶ 商工業や観光の相談に対応する

　企業は、経営、資金繰り、販路、雇用など様々なことに日々悩んでいます。特に中小零細企業は人材も少なく、専門家に有料で依頼する経済的余裕もないため、このような悩みを気軽に相談できると助かります。

窓口や訪問で、担当職員が相談にのることもありますが、たいていの場合、ビジネスや技術に関する相談は専門知識がないと十分には対応できないので、自治体の事務職員だけでは手に負えません。そこで、自治体から中小企業診断士や弁護士などの外部の専門家に依頼して、無料で相談に対応してもらうという施策があります。この施策では、担当職員は主に専門家への依頼や契約手続き・会計処理などを行います。

それらの専門家を自治体が直接雇用する方法もありますが、現在主流なのは、静岡県富士市の「f-Biz（富士市産業支援センター）」が始めて全国の自治体に広まった、外部の専門家や彼らを派遣する企業に自治体が委託して相談対応を実施する方法です。自治体は外部の専門家に委託などを行い、その専門家が窓口で相談を受け付けたり、地域内を巡回して現場を訪問したりします。企業の状況に合わせた情報提供を行えるので、柔軟にフォローができ、目的や地域に適した形で役立つものです。

商工業では企業からの相談対応が中心ですが、観光に関しては、地域の企業対応のほかに、観光地についての照会やロケ撮影に関する相談などの対応もあります。

▶▶ 専門家まかせにせず、自覚と勉強が必要

相談対応の成否は、答える側の知識や対応方法の優劣にかかっています。しかし、中小企業診断士などの専門家といえども、資格さえ持っていれば、どのような案件にも対応できるわけではありません。販売戦略、人材確保、創業、製造技術など、人によって得意分野はまちまちです。

また、企業マッチングの相談であれば地域にどのような企業があるのか、観光の相談であれば地域の観光スポットやロケの適地はどこかなど、地域の知識や関係者につなぐネットワークを持っている必要があります。

委託先だけでこれら全てをカバーできるものではありません。だからこそ、皆さんのような担当職員も一定の知識・経験によって多少の相談は対応できるようにすることが必要です。相談対応を専門家に委託する体制があると、問合せを安易に委託先に回す職員がいます。本来、日常業務の中で、地域の企業と話したり現場訪問をしたりしているからこそ

持つ知識やネットワークがあるはずです。専門家に参考情報を提示できるくらいに、地域の産業の事情に詳しくなれると理想的です。

▶▶ 公務としての相談対応と民業とのバランスに注意する

産業振興施策として相談対応を行う場合、基本的に無料相談になるため、同種の民間ビジネスとの関係に注意しなければなりません。本来、中小企業診断士などの専門家は有料で相談を受けることを生業としています。自治体の相談対応が程度を越えてしまうと民業圧迫になりかねません。相談対応はどこまでを無料で行い、どこからは民間に有料で依頼してほしいと伝えるかという一定の線引きが必要になります。

もう1つ注意したいのが、相談の中で企業マッチングを行う場合です。「○○の印刷ができる工場を探している」とか「○○を売っている店を探している」などの問合せに地域内の企業を紹介するとき、特定の企業を強く推薦すると、行政が一企業に便宜をはかっていると問題視されることがあります。とはいえ、公平性を盾に企業の名前を一切口にしないようでは地域の産業振興になりません。あくまで公的な推薦ではなく参考情報として事実のみを伝え、一企業に誘導しているという受け取られ方をしないように注意する必要があります。

▶▶ 複数の人に情報を提供するセミナー・講演会

専門知識やネットワーク情報などを個別に提供する相談対応に対して、複数の人々に一括して一定の情報を提供するものがセミナーや講演会です。下請け脱却のための自社商品開発セミナー、販路開拓のための営業方法セミナー、事業承継のための次世代経営者育成セミナー、SDGsを理解するための講演会など、課題に応じて内容は様々考えられます。

セミナー方式の利点は、費用対効果の高さです。2時間の相談対応も2時間のセミナーも、1人の専門家に委託する費用は大差ありませんが、情報を受け取る側は、相談対応であれば1人程度なのに対して、セミナーは多いと100人規模での実施も可能です。多くの人々に共通するテーマ

であれば、セミナー形式で実施した方が効果的です。

　一方で、セミナー形式はあくまで全員に同じ内容で伝えるものなので、参加者が個々の事情に合わせたものを求める場合、質疑応答レベル以上のカスタマイズ対応はできません。

　なお、複合方式として、前半に共通テーマでセミナーをし、後半に個別の相談を受けたり、後日に相談を受けたりするという方法もあります。

▶▶▶ セミナーの内容・日時・会場

　セミナーを実施する場合の主な要素は、「内容」「日時」「会場」の3点です。

　内容は、そのセミナーをなぜ実施するかという目的によって決まります。創業支援なのか事業承継なのか販路拡大なのか、それぞれの目的に応じて有効な講師を見付けるのが筋です。実務的には、適当な講師をどう探すか、その講師で参加者が集まるかも重要になります。

　講師探しは知識と人脈です。普段からテーマに関係した人材やニュースにアンテナを張っておき、必要が生じたときに、「あの人はどうだろう？　あの会社はどうだろう？」と思い付けると仕事をスムーズに進めることができます。別の方法としては、そのような人材を知っていそうな人に頼ることです。担当になったばかりであれば知識がないのは仕方ないので、先輩職員や企業に訊いて教えてもらいましょう。

　また、事業目的だけ先行して講師を決めると、お仕着せの内容で実態はニーズがなく、参加者が集まらないという失敗をすることがあります。講師の当てを付けた時点で、想定する客層が興味を持ってくれそうか、受講を想定する企業などにあらかじめ調べてみることをお勧めします。

　日時・会場は、目的や内容に沿った参加者を得るために、夜間か休日の昼間にするかなどを決めます。庁舎の会議室は会場としては使いやすいですが、場の雰囲気に欠けることがあります。頭をやわらかくしてアイデアを出したいワークショップや、参加者に肩の力を抜いて交流してほしい座談会は、おしゃれなカフェなどで行うほうが効果的です。内容や客層に応じた選択を意識しましょう。

5|2 ◎…「補助金」などで 金銭的に後押しする

▶▶▶ 代表的な施策としての金銭支援

　産業振興施策で最も代表的な施策といえば、補助金をはじめとする金銭的な支援です。何のための経費で、誰に対して、どのように支援するかという違いはあっても、公金によって対象者の金銭的な負担を軽減するという意味では同じものといえます。

　金銭を自治体から対象者に直接支払うものが補助金、金融機関が対象者に融資をするように自治体から促すものが融資のあっせん、自治体が対象者から本来は徴収するはずの税金を減額するものが減税です。昨今話題のふるさと納税で地域の産品を返礼品とする施策も、翌年の住民税が控除されるという意味では減税といってよいかもしれません。そのほか、自治体が金券を割安で販売する商品券などの配布も同様に金銭的な支援といえます。

　これらの中で最も多く行われている施策が補助金です。融資や減税などに比べて金融機関との調整や税法上の制限などがなく、予算を確保できれば実施しやすく、さらに融資と違い受け取る相手方は返済する必要がないので利用しやすいと考えられます。

　なお、補助金と似た言葉に助成金があります。「補助金は要件に適合していても審査結果によっては受給できないことがあるが、助成金は要件に適合すれば予算の範囲内で基本的に受給できる」などの違いがあると説明されることがありますが、実務的にはそれほど明確に使い分けをしてはいません。基本的に、いずれも一定の要件に適合すれば受給できる可能性があり、返済の必要がないものと理解しておけばよいでしょう。

▶▶何のための経費を対象とするか

　補助金も融資も減税も、何のための経費を対象とするかが実施の目的になります。つまり、この対象経費を何に設定するかによって、異なる産業振興施策にもなるのです。例えば、以下のものが挙げられます。

【補助金・融資あっせん・減税の例】

　・下請け脱却のための自社商品開発の経費に対する補助金
　・販路開拓のための展示会出展の経費に対する補助金
　・伝統工芸職人の後継者育成の経費に対する補助金
　・創業者の運転資金・設備資金に対する融資のあっせん
　・上記の融資に伴う利子・信用保証料に対する補助金
　・外国人旅行者のための多言語対応の経費に対する補助金
　・観光客用の割引クーポンに充当する経費に対する補助金
　・過疎地での企業立地に対する不動産取得税などの優遇措置
　・地域との共生のための工場の外壁美化の経費に対する補助金
　・二酸化炭素排出削減に取り組む企業に対する融資のあっせん
　・新型コロナウイルス感染症の感染対策の経費に対する補助金

　上記のように、解決しようとしている課題はそれぞれ別々であっても、それに要する経費を支払ったり貸したりすることで金銭的に後押しするのが補助金や融資などの施策です。

▶▶団体に交付する補助金もある

　融資や減税という方法は、基本的に企業に対して行うものですが、補助金の場合は、それらとは異なる特徴があります。

　1つは、観光協会や同業者組合などの団体に対して、用途を細かく指定せずに一括して交付することがあることです。これは団体の運営費・人件費に対してまとまった金額を交付するものなので、あまり詳細な用途までは明示しません。例えば、地域の観光振興を行う観光協会に対し

て、協会に雇用される職員の人件費や観光事業の実施に必要な事業費を
まとめて補助金として交付することがあります。

　もう1つは、特定の目的を持った実行委員会に一括して交付すること
があることです。実行委員会は、一般的には法人格を持たない任意団体
で、多くの場合は自治体の産業振興担当部署が事務局機能の「一部」を
担っています。例えば、産業まつりなどの産業振興に関するイベントを
実施する関係団体を実行委員会として、そこに補助金を支払います。こ
の方法は、自治体がイベントを直営で実施する場合に生じる会計処理上
の様々な制約を避けられ、予算を柔軟に運用できるというメリットがあ
ります。

　このように補助金の交付先がグループの場合は、グループのメンバー
内での取引に注意が必要です。例えば、メンバーの一員の印刷会社にイ
ベントのチラシ製作を発注することがあります。これを補助対象とする
かは、自治体の制度によって異なりますが、明らかに高額の受発注だと
不適切な使途として指摘されかねませんので実態を確認しましょう。

▶▶▶ 企業の自立と補助金漬けを気に掛ける

　補助金などの金銭的な支援は、最も典型的な産業振興施策ですが、本
来、行政の関与なしに活動する民間企業を、自治体の政策として必要な
方向に誘導したり、一時的な経済危機を乗り越えるために保護したりす
るために行います。そのため、2つの点について注意が必要です。

　第1に、企業が補助金などの自治体からの金銭的支援に依存しすぎな
いようにすることです。企業が力を付けて成長し、いつか下請け脱却な
どを果たして自らの力のみで生き抜いていけるようにする一助とするた
めに補助金は交付されます。ところが、それなしでは経営が成り立た
ないようになってしまっては本末転倒です。展示会の出展も従業員の研修
も何から何まで自治体の補助金を頼りにする、いわば補助金漬けの状態
では民間企業の経営として健全とはいえません。

　第2に、補助金はそれがなければできない活動などに使われるべきだ
ということです。自社が全額負担して実施できるものに、わざわざ補助

金を使う必要はありません。補助金があることによって、踏み出せなかった新たな挑戦を実現するのが理想です。

　地域の企業ニーズに応えて補助金などの柔軟な運用を図りつつも、それが自立につながっているか常に気に掛けておくようにしましょう。

▶▶ 自治体の財源となる間接補助

　産業振興施策における補助金は自治体の予算から支出しますが、自治体の収入になる補助金もあります。国や都道府県から自治体に交付される補助金です。自治体が産業振興施策として直接企業に補助金を支出することを直接補助と呼び、特定の目的に沿った事業を自治体が行う場合に国や都道府県の財源の一部を支出することを間接補助と呼びます。例えば、東京都の「都内ものづくり企業地域共生推進事業費補助金」では、町工場が行う地域共生のための取組みを補助する自治体に対して、都が補助金を交付します。

　この方法は、国や都道府県が直接地域と関わるよりも、地域事情に沿ったきめ細かい対応ができる自治体を支援することで、政策効果を高めることができます。自治体も、独自の財源とは別に財源を得られることで、自治体だけで実施するより予算規模の大きい施策を実施できるメリットがあります。

　自治体の施策にかかる予算を抑えるため、財政担当部署は、間接補助を活用するように各部署に求めるのが一般的です。間接補助を得られる見込みがあると、事業の拡充や新設に予算がつきやすくなります。

　一方で、間接補助で事業を行うと、補助金の交付元である国や都道府県に対して申請や実績報告の書類を提出する事務が増えたり、ときに検査で細かく指摘されたりすることから、時間や手間がかかります。また間接補助を活用することで施策の自由度が国や都道府県からの制約で縛られてしまうおそれもあります。

　このような懸念はありますが、活用できれば予算的に助かることは間違いないので、国や都道府県がどのような間接補助を実施中・実施予定かについてはアンテナを張っておいたほうがよいでしょう。

5│3 ◎…補助金手続きの ポイントを理解する

▶▶申請受付期間と予算枠

　補助金制度の運用に際してはいくつかの注意点があります。要綱など
で細かく明文化されている場合もあれば、要綱は制定されておらず年度
ごとに決裁して進められている場合もあります。いずれにしろ注意すべ
き点は同じです。

　まず、補助金は利用希望者から申請を受け付けることから始まります。
この案内が遅れたり漏れたりするとトラブルの元です。特に、毎年実施
している補助金事業の場合には常連の利用者がいて、それらの申請だけ
で予算枠のかなりを占めていることも往々にしてあります。先着順の場
合、常連の申請者が申請を忘れたまま予算枠に達して申請できなくなる
のも、新しい利用者が知ることなく、排除されたようになるのも不都合
です。

　これまで利用している人々、新しく利用したいと思うかもしれない
人々を意識しつつ、予算の枠内でうまく収まるように十分な受付期間を
設定して周知し、利用希望者に配慮することが必要になります。

▶▶補助の対象となる事業や経費

　補助金の運用に際して最も重要なのが、どのような事業や経費を対象
とするか明確にすることです。例えば、販売促進のために店舗が行うイ
ベントの補助金の場合、そのイベントの内容や使われる経費の内訳は次
のように様々に想定できます。

【販売促進イベントで想定される事業内容】

・自店舗で行うセール
・自店舗で行うアルコールを含む飲食を伴う交流会
・店舗が地域内の駅前広場に出張して行うワークショップ
・店舗が地域外の大型商業施設に出張して行うセール

【販売促進イベントで想定される経費】

・チラシやポスターなどの広告作成費
・販売する商品の仕入れ代・製作費
・会場の使用料・水道光熱費
・会場で使うテントやパソコンなどの購入費
・スタッフの人件費
・スタッフの弁当代

　上記の項目で何が問題になり得るでしょうか。補助金ごとに認められること・認められないことは異なりますが、例えば以下のようなことが問題視される可能性があります。

・アルコールを伴う交流会は単なる仲間内の飲み会ではないか
・地域外に出張して行うものを対象とするか
・販売する商品の仕入れ代・製作費を対象とするか
・自店舗で行う場合も会場使用料・水道光熱費を対象とするか
・イベント後も使えるテントやパソコンなどの購入費を対象とするか
・スタッフの人件費を対象とするか
・スタッフが食べる自店舗の弁当を対象とするか

　これらの細かなことについて、「対象になるのか」と質問されて答えたり、「～の場合は対象になりませんのでご注意ください」と事前に説明したりして、その理由も含めて利用希望者に納得してもらわなければなりません。これを怠ると経費を支出してしまった後に補助金の対象にならないと判明することがあり、トラブルの元です。

▶▶ 補助の対象とする期間

　また、いつからいつまでの間に支払った経費を補助対象とするかにも注意が必要です。これを把握したうえで、申請を予定している方にあらかじめ説明し、実情に合った申請日や交付決定日にする配慮が必要です。

　例えば、販売促進イベントの場合、補助金の交付を決定する日はイベント当日より前にあることが基本です。ただ、補助の対象期間を、申請日以前を含む①〜④とするか、申請日以降の②〜④とするか、交付決定後の③〜④とするかは個々の制度で異なります。

　特に、イベント当日が年度当初の４月１日の場合は、対応できることに限界があります。事前準備に伴う支払いが前年度の３月以前になる可能性があるからです。制度上の補助対象期間が申請日以降の②〜④の場合、新年度の申請は４月１日より前にできないので前年度中の事前準備期間である①〜③の支出は補助対象にできません。また、前年度の３月に申請すると、通常は前年度中に行うイベントしか対象にならないので、４月１日のイベントを補助対象にできません。

　イベント当日の年度が異なっても、補助対象期間を申請日より前の①から認める場合は、全ての期間で要した経費に対応できます。

　このように、企業側の実態に応じた制度の設計・運用をどこまでできるかは、とても大事なことです。

▶▶ 補助金の支払い時期と領収証の記載内容

　補助金の支払いは基本的に後払いです。申請者が補助対象事業を行うために必要な経費を全額自費で立て替えた後、事業が全て終了してから

自治体に報告して支払い金額が確定し、補助金が申請者に支払われます。

　実はこの後払い方式には、以前から補助金を利用したい側から不満があがっています。金銭的に困っているから補助金を申請するのに立て替えるお金の工面に苦労するからです。このため、補助金を先払いし、事業実施後に最終的な金額に誤差が生じた場合に清算する方式を認めている制度もありますが、少数派です。

　また、支払い段階で細心の注意が必要なのが領収証の記載内容です。使途を示すただし書きの不備、宛名や日付の誤記などがあると、庁内の会計担当部署で支払いを拒否されかねません。特に、実行委員会などの団体に対して補助金を支出する場合、領収証の宛名が実行委員会の名称ではなく構成メンバーの企業名や個人名になっていることがあります。本来のあるべき名称か、そうでなければ、支払いを認める理由が必要になります。特殊な例として、インターネット上での購入や家電量販店での購入の際に会員ポイントが付与されている場合、相当する金額に換算した分を収入とみなし差し引かねばならないこともあるので注意が必要です。

▶▶▶ 目的を果たしているか実情を確認する

　手続き上、補助金は関係書類さえ整っていれば机上の事務処理だけで支払うことができます。しかし、万が一、**現場の実態が書類と異なっていると補助金の不正受給になりかねないので、できる限り実情を自分の目で確認しに行くようにしましょう。**

　販売促進イベントに補助金を支出しているが担当職員はそのイベントに一度も行ったことがないとか、町工場の工作機械の購入に補助金を支出しているが担当職員はその機械を一度も見たことがないなどという状況は、いただけません。書類に写真が添付されているとしても、実際に自分の目で見てみなければ実情は理解できないものです。

　海外でのイベントの実施など現場確認が難しい場合は別としても、補助対象としたイベントの現場や商品・設備などの現物は、皆さんの目で見て確認したほうがよいでしょう。

5│4 ◎…「イベント」という 非日常で 活性化する

▶▶種類は無限にあるイベント

　地域の産業振興の取組みとして頭に浮かびやすいのは、商店街のイベントや観光客向けのイベントかもしれません。**普段と異なる非日常の演出によって目的を達成する行事であるイベントの種類は無限にあります**が、例えば以下が挙げられます。

【産業振興イベントの例】

・商店街の集客・売上向上を目的としたセールとスタンプラリー
・自社製品の販路開拓を目的とした展示会
・若手人材の確保を目的とした合同企業説明会
・創業者の発掘・支援を目的としたビジネスプラン・コンテスト
・外国人観光客を呼び込むことを目的とした和文化を巡るツアー
・企業誘致を目的とした地域内の空き物件・事業用地の視察ツアー
・住工共生を目的としたオープンファクトリー（工場見学）

　イベントはその実施目的以外の効果が得られることがあります。上の例でいうと、商店街のスタンプラリーや自社製品の展示会は、地域の商工業者に対する住民の理解を得るのにも有効です。和文化を巡るツアーやオープンファクトリーは、参加者が製品を購入してくれることがあるなど、参加企業の製品販売につながる可能性があります。

　イベントの内容を組み合わせることも可能です。例示したものであれば、創業したい人によるビジネスプラン・コンテストを商店街のセールと同時に空き店舗で開催したり、和文化を巡るツアーの行き先に地域の

工場見学を組み込んだりすることなどが考えられます。

　イベントの形態も集客に関わるポイントです。イベントはリアルだけでなくオンラインで実施することで、より広域の人々を対象にできます。

▶▶▶ イベントの内容を企画する

　イベント担当職員の役割とは、まずイベントの内容を企画することです。

　担当職員が企画をゼロから1人で考えねばならないかは、担当事業によって違います。実行委員会で行うものであれば、少なくともグループで協議しますし、企画会社に委託するものであれば委託先がある程度は考えてくれます。いずれにしろ担当職員が何も考えず、ほかの人に丸投げして事務的な作業を進めるだけで済むことは、あまりありません。

　企画で押さえてほしいポイントは、目的と集客の2つです。

　イベントはイベントのためにやるものではなく、何らかの目的があってやるもので、目的をどうやって達成するかが重要です。販売促進であれば商品が売れるような企画にする必要があり、創業の意識啓発であれば創業の意欲が湧くような企画にする必要があります。

　目的が重要だとしても、イベントを実施する側の事情だけを参加者に押し付けては、イベントは成立しません。販売促進でも意識啓発でも、まずは参加者に来てもらわなければいけません。限定商品の販売、有名な講師の登壇など、参加したくなる魅力が必要になります。

　例えば、愛知県岡崎市で始まった商業イベント「まちゼミ」は、あえて販売を前面に打ち出さず、店主が店舗でプロの知識や経験を講義することで顧客を発掘する取組みです。購買とは異なる魅力で、今まで来なかった新たな客を呼び込み、店のファンにしていくことで結果的に販売促進につなげていこうとするもので、全国各地に広がっています。

▶▶▶ イベントの日時・会場を決める

　どんなに内容がよくても、それだけではイベントは成功しません。同じ内容のイベントでも平日と休日では、参加できる人が異なります。会

場が交通の便がよい繁華街か不便な山奥かでも同様です。イベントの目的によって、いつ、どこで実施するのがよいかは変わってきます。

商店街の販売イベントを平日の昼間に実施すれば、日中に働いている住民は来られません。ビジネス向けの展示会を休日に実施すれば、平日勤務の会社員が商談に来ることは期待できません。創業希望者向けのイベントを平日の昼間に実施すれば、現在は学生や会社員の立場で、将来の創業を考えている方が参加するのは難しいでしょう。

展示会の場所は、高額品の購入を期待するならば銀座や六本木などの繁華街が向いていますが、地域住民による認知度向上が目的ならば地域の駅前広場や商業施設内のほうが見てもらえます。観光イベントでも、人を集めるなら大型の観光バスが駐車できる都会の商業地がよいわけではなく、あえて静かな環境で神秘的な非日常感を体験してもらうために交通の利便性が悪い山奥のほうが喜んでもらえるかもしれません。

▶▶▶ イベントの告知をして集客に努める

イベントの内容や日時、会場が決まれば、様々な事前打ち合わせの日程調整、事前の予約・発注・支払いなどの作業に追われる日々を送ることになります。つい後回しにして後悔するのが、集客のための告知です。

イベントをやるだけでは人は来てくれません。1人も来ないかもしれないと思うくらい真剣に心配してください。

まずはとにかく早い告知を心掛けましょう。そのために、イベントの内容や日時、場所、タイトルが決まっていなければなりません。遅くとも1か月から2週間前までに、それらを決めて告知をしたいところです。

また、告知方法もきちんと考えましょう。自治体の広報紙と公式ウェブサイトに記事を掲載するだけでは足りません。予算と手間のバランスを考えつつ、SNS、電子メール、チラシやポスター、口コミなど必要な手を尽くす必要があります。心配なときは、なるべく早く上司や周りの職員に相談してください。恥ずかしくて口が重くなるかもしれませんが、当日に閑古鳥で上司に大目玉を食らうよりはずっとましです。

打つ手がないように思えても、何もしないでいたら解決はしません。

1 人の客を呼ぶのに 10 人〜100 人に声をかけるくらいの覚悟が必要です。自分や周りの人脈や知識を総動員して工夫しながら粘り強く告知し続けましょう。

　話を元に戻しますが、集客が危機的状況に陥らないようにするためには最初の企画段階も大事です。集めたい客層の人々に、参加したいと思う内容、参加しやすい日時や場所を確認したうえで企画し、実施時には参加してくれるように内諾を得ておくと最小限の集客は見込めます。ただ、こればかりに頼ると、知り合いが来るだけの内輪のイベントになりかねないので、目的に応じた集客ができるように努力しましょう。

▶▶ そのほかの事前準備も怠らない

　イベントの事前準備として行うことは、イベントの内容によってまちまちです。仕事のイメージがしやすいようにいくつかの例を次に挙げます。

【イベントの事前準備作業の例】

- ・道路や公園などを会場とする場合の使用許可申請
- ・会場の机・椅子・マイクなど音響設備の状況や利用金額の確認
- ・オンライン配信をする場合の URL 設定や機器の準備
- ・講師に謝礼を支払うための会計手続き
- ・当日に配布する資料や掲示する案内表示などの作成・印刷
- ・当日従事する職員の必要人数や役割分担の決定と依頼
- ・司会などを上司や外部の人にお願いする場合のシナリオ原稿
- ・会場で使用する文具などの道具類、領収証、釣り銭などの準備

　これらは、あくまで事前準備の一例に過ぎません。当日までに必要なこと、当日に起こり得ることを何度も何度も頭の中で繰り返しイメージして、漏れがないか上司や周囲の職員とも話しながら進める必要があります。イベントの実施までには緻密な準備が非常に重要です。

　なお、資料やシナリオに記載する関係者の氏名などの誤りは失礼になるので、細心の注意を払いましょう

5|5 ◎…イベント運営の　ポイントを　理解する

▶▶ 安全・安心を忘れない

　ここでイベント当日の運営に際してのポイントにいくつか触れてみます。

　まず、目立たないけれども忘れてはならないのが、参加者や関係者の安全を確保し、安心して参加してもらえるようにすることです。

　イベント担当職員として当日を迎えると、参加者がきちんと集まるか、予定のスケジュールどおりに進むかなどのほうが気になってしまいがちです。それらにばかり気を取られて、基本的な安全確保のためのちょっとした配慮を忘れていると事故につながりかねません。一旦事故が起きてしまえば、イベントの中身の成否どころではなくなります。

　具体的には、会場の安全確保策として、マイクやパソコンなどの音響・電子機器のコードに歩行者がつまずかないように養生テープで固定したり、什器などの重量物を固定したり、侵入禁止の場所は明示して入れないようにしたりします。防犯対策としては、参加者の個人情報が記載された名簿などが一般の人の目に触れないようにしたり、講師謝礼などの金銭の盗難防止措置を講じたりすることも必要です。これらは些細なことで、多くの場合何をすべきかがどこかのリストに網羅されているわけではありません。会場の状態や運営スケジュール、人の動線などを見て何が必要かを担当職員が想像して逐次対応する必要があります。

▶▶ 時間管理はしっかり、かつ柔軟に行う

　イベント当日における担当職員の大きな役割が時間管理です。どんなイベントにも開始時間と終了時間があって、内容によっては、その間に

開会の挨拶、来賓の挨拶、冒頭の説明、複数のプログラム、合間の休憩など細かく時間がわかれることもあります。1つの時間がずれると、その後の進行全体に影響が出るので注意が必要です。イベントの関係者や参加者は、全員が最初から最後まで参加するとは限りません。例えば多忙な著名人をゲストに招いていると、会場にいられる時間が限定されていたりするので開始時間が遅れると迷惑を掛けてしまいます。

このため、イベント全体の進行について、何がいつ始まって、何がいつ終わらないといけないかをきちんと把握したうえで、目の前の進行が予定どおりか、早いか遅いかを見て対応しなければなりません。

そこで注意したいのは、1分1秒の狂いもなくタイムスケジュールどおり進むよう、口うるさく指示すればいいわけでもないということです。イベントが盛り上がって関係者や参加者の誰もが延長してもいいと思っているのに、「時間ですから」と乱暴に打ち切ると、せっかくのいい雰囲気を台無しにしてしまうかもしれません。一方で、出演者が終了後に乗る電車の時刻や会場の使用時間の都合など、譲れないこともあります。

どこまでが時間厳守で、どこまで融通が利くかを理解して管理することが必要です。迷うときには上司などに適宜相談して進めてください。

▶▶ 常に注意を払って臨機応変に対応する

どんなに事前準備をして安全・安心の確保に努め、時間管理をしていても、イベント当日にごく些細なトラブル1つ起こらず終えられることは稀です。やらねばならなかったことを忘れていたのに途中で気付いたり、全く予期していなかったことが起きたりします。

用意した配布物の数が足りない、オンライン配信の音声に不具合がある、事前予約のされていない参加希望者が来場する、出演予定者が遅刻するなど、大きなことから小さなことまで様々です。これらの全てについて、事前に準備しておくことは現実的に不可能です。

月並みな言い方ですが、臨機応変の対応が求められます。それができるようにするには、**イベント当日に自分の近くだけ見て、事前準備したシナリオどおりに漫然と進めようとせず、常に会場全体で何が起きてい**

るか、何が起きそうか注意を払いましょう。そのためには、単純作業などはできるだけほかの人にまかせ、担当職員はフリーな状態で全体を把握できるようにしておくことをお勧めします。トラブルが起きていても皆さんがその場にいるとは限らず、すぐに連絡が来ないこともあります。関係者や参加者が困っていそうか、同僚や上司はどこで何をしているか、トラブルやその予兆にいち早く気付けるかが大事です。

　そして、それらに気付いたら慌てず冷静に対応を考えます。全てを皆さん１人でこなす必要はありません。むしろ大きなトラブルは勝手に１人で対応せず、きちんと上司や関係者に相談してください。

　配布物が足りなそうだと気付いたら、どこからか取り寄せるか、別の配布物に切り替えるか。オンライン配信のマイクの位置や設定をどうするか。予約していない参加希望者の参加を認めるか、参加を断って帰ってもらうか。遅刻する出演予定者の到着を待って開始時間を遅らせるか、別の出演予定者と順番を交代するか、その時々の状況で判断するしかありません。

　唯一絶対の正解はないので、自分なりに考えて乗り越えていきましょう。

▶▶▶ みんなを楽しませ、自分も楽しんで

　イベント担当職員は「事務屋」の感覚では務まりません。決められた書類を庁内の窓口で受け取って、決められたとおりの文書処理や財務処理をするような業務とは全く違います。どんなイベントも、それを楽しみに参加してくれている人々がいるものです。そのような人々に対して、法令やマニュアルのとおりに応じる姿勢だけでは満足してもらえません。

　目の前にいるお客様は、どうすればこのイベントに参加してよかったと思ってくれるか、それを常に考えて行動することが必要です。道に迷っているようであれば声を掛けて案内し、展示内容に関心や疑問を持っているようであれば話し掛けて説明する、そんな行為の積み重ねこそが大事になります。観光ツアーに担当職員として同行したら、お客様の会話に耳を傾け、必要に応じて説明をしたり感想や要望を聞いたり、ときに笑い話を交えてコミュニケーションをとることができれば最高です。

参加者に楽しんでもらうためにも、皆さん自身が楽しみましょう。展示会や観光ツアーに参加してみたら、担当職員がつまらなそうに受付をしていたり、ツアーの訪問先に何の関心も示さずにいたりしたら参加者も興ざめします。ただし、担当職員はあくまで仕事でその場にいる身です。有名芸能人などが来場しても、参加者と同じ感覚で我先に写真を撮ったり握手を求めたりするのは度を越していてクレームの元となりますので、立場をわきまえて振る舞うように注意してください。

　そして、イベントの最後には、どんなに疲れていても、参加してくれた人々が気持ちよく帰れるように感謝を示して笑顔で挨拶しましょう。

　終了後は後片付けをして、後日、支払いや実施結果の報告などの事後処理までを無事に終えたところでイベントの業務は完了となります。

▶▶ 重要人物などの来場対応に気を付ける

　ところで、皆さんが担当するイベントに地域の重要人物が来場することがあります。知事や市長などの首長が主催者代表や来賓として来場して挨拶することが予定されている場合はあらかじめわかっていますが、重要人物の来場はそればかりではありません。

　業界団体の代表者、有名企業の社長、議員などがふらっと顔を出すことがあります。そんなときに「へ〜、来たんだ」とだけ思って放置してはいけません。その人物の来場を誰に伝えたほうがいいか考えてください。会場内に別の重要人物や皆さんの上司がいるとすれば、引き合わせて挨拶してもらう必要があるかもしれません。

　なお、政治家の選挙活動にはくれぐれも注意しましょう。選挙が迫っている時期に立候補を予定している政治家が、自身や自身が所属する政党の宣伝のために会場に来ることがあります。イベントへの参加自体は問題ありませんが、会場内で選挙活動をしたり受付に自身のチラシやポスターを置いたりしようとして、それを担当職員が黙認してしまうと特定の政治活動を自治体が支援したことになり、後で大きな問題になりかねません。このような状況に出くわしたら、迷わず上司に報告してください。

5│6 ◎…「認定・表彰」で お墨付きを与える

▶▶ 優れたものを選ぶ認定と表彰

　産業振興施策として、地域の優れたものを選んでお墨付きを与える事業は全国で行われています。呼び方は認定、認証、選定、表彰などまちまちで、対象も製品、店舗、従業員、企業、観光スポットなど色々です。

【産業振興に関する認定や表彰の例】

・下請け脱却のために開発された優れた新商品に対する認証
・販路開拓を進めるための魅力的な店舗の認定
・業界の人材育成に貢献している技術者に対する表彰
・優れた創業者を顕彰して支援する表彰
・特徴的な観光地の認知度向上のための選定
・環境や人権への配慮に積極的な企業の認証
・新型コロナウイルス感染症の感染対策に取り組んでいる店舗の認定

　要は、その地域で優れたものが何かを明確にし、周囲の認知度・評価を高めると同時に当事者の誇りにしてもらうことを目的にしています。中でも認知度・評価を高めるのが認定・認証などで、当事者を顕彰して誇りに感じてもらうのが表彰といえます。使われる言葉は違えども、お墨付きを与えることを主眼にしているという意味では全て同じものです。

▶▶ 審査基準を設けることが大切

　認定・表彰をするからには、なぜそれが優れていると判断したのかと

いう審査基準が必要になります。そこで肝心なのは、その対象における「優れている」ということは何なのかです。例えば、SDGsに積極的に取り組む企業を認証する神奈川県横浜市等のSDGs認証制度は、内閣府の「地方創生SDGs登録・認証等制度ガイドライン」に基づき、企業で行われている取組みの意思・方針がSDGsの17のゴールと関連付けて明確化されていること、取組みを推進する能力・体制が整っていることを第三者が確認できていることなどを要件としています。

　公平でわかりやすく審査するには、審査基準の項目を細かく具体化して点数を付けて評価する方法があります。例えば、企業の製品・取組みの先進性、経営の安定性などを、それぞれ5段階評価で採点し、それらの合計点が○点以上のものを認定・表彰するなどの方法です。この方法はわかりやすい一方で柔軟性に欠けるのが難点です。先進的で経営が安定していても、地域住民との関係がよくないなどといったことも考えられます。あらかじめ評価項目を完備しておければいいのでしょうが、予測できないこともあるため、あえて細目化や採点まではせず、実施目的に則して評価する方法もあります。

▶▶▶3つの審査方法と審査員

　審査方法は大きく分けて3つあります。第1は自治体職員ではない外部の人を含む審査会による審査、第2は庁内での審査会による審査、第3は所管部署内の文書上の手続きのみによる審査です。担当職員が直接審査する機会はほぼありませんが、後述する担当職員による事前調査が大きな意味を持つので責任がないわけではありません。

　外部の人を含む審査会は、テーマに関係する企業や有識者を中心に構成されます。製品や技術者の審査であれば、同業者組合の代表、デザイン会社の社長、関係する内容を研究している大学教授などが審査員になります。ここに所管部署の管理職や自治体議会の議長などが加わることもあります。要綱などで人数や属性を規定する場合もありますが、詳細まで決めているものは多くありません。審査員を選ぶ時は特定の分野や年代・性別の人に偏らないよう、バランスに配慮することが必要です。

庁内での審査会は、所管と関係部署の管理職で主に構成されます。

第3の文書上の手続きのみは最も簡易で、審査基準に適合していれば事務的な書類の手続きのみで所管部署の責任者が決定するものです。

それなりの権威を持たせることが求められるレベルの認定・表彰は、基本的には外部の人を含む審査会で決定することが多いのが実情です。

▶▶ 審査結果を左右し得る事前調査

担当職員は提出された申請書・推薦書をただ事務的に審査会に上げればいいわけではありません。通常、審査会は1～2時間で複数件、多いと何十件もの審査をします。実態として細かく検討する余裕はなく、審査員が専門家でも候補となる全ての業種・内容に精通していることはほぼないので、容易に判断することもできません。

このため、実務的には担当職員が審査基準に基づいて事前に調査し、その結果を参考に審査会が判断することが多くなります。例えば、対象者の技術は具体的に何が優れているのか、過去にどのような実績があるのかなど、審査ポイントになる点を漏らさず調べなければなりません。最終的に決定するのは審査員や所管部署の管理職だとしても、担当職員の事前調査によって可否の方向は左右されるので責任重大です。皆さんがこのような事業の担当職員になった場合は、事業の目的や審査基準を十分に理解し、慎重に対応してください。難しいのが、日本人特有の性質なのか、認定・表彰の候補者は多くの人が控えめで口下手なことです。自身のどこが優れているかうまく伝えられる人は少ないので、相手の言葉だけ鵜呑みにせず粘り強く質問して必要な情報を聞き出しましょう。

なお、事前調査が大事だとしても決定権は担当職員にはありません。明らかな対象外は別として、安易に自分だけで可否を口にしたりせず、難しいケースは上司に早めに相談しましょう。

▶▶ 認定・表彰によりメリットを付与する

認定・表彰は、それ自体としては事業経費がそれほど必要でないこと

もあり、取り組みやすい産業振興施策です。期待できる効果としては、①認定・表彰された側の評価向上に結びつく、②認定・表彰されているものがある自治体自身の評価向上に結びつく、の2点があります。

　ところが、①の認定・表彰される側から見たメリットについては気を付けなければいけません。ノーベル賞や「人間国宝」、芥川賞やグッドデザイン賞などの全国的にネームバリューのある賞などであれば、選ばれるだけでも相当のステータスになるので認定・表彰された側は満足してくれます。しかしながら、一自治体が設けている認定・表彰制度は、残念ながらそれ自体に高い価値があることは少なく、選ばれるだけで有名になったり商品が売れるようになったりすることはあまり期待できません。

　このため、認定・表彰に伴うメリットをどう感じてもらうかがポイントになります。ただ認定証・表彰状を授与したり、広報紙や公式ウェブサイトへ掲載したりするだけだと、当事者の自尊心を高めることにはつながりますが、実益があるとはいえません。そこで、一部の自治体では、認定・表彰がされていることで補助金や融資を利用しやすくしたり、公費で展示会への出展ができる機会が設けられたりしています。

▶▶ 認定・表彰の事務で起こり得る問題

　認定・表彰に際して起こり得る最も大きな問題が、対象にならないものや対象になるか判断が難しいものの取扱いです。

　時に審査基準を満たさないものについても、認定・表彰してほしいという要望が来ることがあります。これを無下に扱うとクレームに発展しかねません。あまり事務的に冷たく対応すると、怒って皆さんの上司や首長に直訴しようとすることもあり得ます。各企業には個々の事情や思いがあります。時には認定・表彰それ自体よりも、それに伴って付与されるメリットが目当てということもあるかもしれません。

　審査基準をまげて対応することはできないとしても、相手の話は十分に聴く姿勢を示しましょう。事情を理解したうえで、審査基準に該当する可能性があるか、該当しない場合はその理由が何か、しっかり話してお互いが納得できる結論になるように努力することが重要です。

5|7 ◎…「プロモーション媒体」で情報を魅力的に伝える

▶▶ 媒体を通して情報を提供する

　目立たないながらも実は担当職員が手がけることが多いのが、**紙媒体や電子媒体を利用したプロモーションです**。地域産業に関する情報を提供することで企業の取引や新たな取組みに誘導するという意味では、相談対応・セミナーとも類似しますが、媒体によるプロモーションは講師などの「ヒト」の言葉ではなく、印刷物や電子データなどの「モノ」に表示した文字・画像などを通して行います。形態は色々あり、企業・消費者に対する地域産品・イベントなどの紹介・告知、企業の意識啓発のための最新事情の情報提供、産業振興施策の利用を促す案内などが主なものです。

【産業振興に関するプロモーション媒体の例】

・下請け脱却のために開発された新商品を紹介するパンフレット
・販路開拓のために地域の企業情報を紹介する SNS
・地域の企業への就職を促すための求職者募集ウェブサイト
・創業希望者のために創業のノウハウを紹介するパンフレット
・地域内への企業移転を勧誘するチラシ
・地域産業の特徴・魅力を住民に周知するためのパンフレット
・観光客に観光スポットやイベント情報を告知するポスター

▶▶ 媒体の種類

　媒体として昔から自治体が利用しているものが、広報紙、チラシ、リー

フレット、パンフレット、ポスターなどの紙に印刷した紙媒体です。ペーパーレスが進む今でも、全く作成していない自治体はありません。一方で無視できないのが、電子データを利用した電子媒体です。ウェブサイトやメールマガジンのほか、影響力を増してきているSNSとして、Twitter、Instagram、YouTubeなどがあります。電子媒体は印刷コストが不要で、即時性もあるうえに一度公開した後も修正できるので非常に便利です。これらの紙媒体と電子媒体は、基本的にどこの自治体でも自治体として主体的に利用することができます。

　また、主に自治体ではなく民間企業が取り扱うものとして、新聞、雑誌、ニュースサイト、テレビやラジオなどもあります。これらは自治体の自由にはなりませんが、著名な媒体に取り上げてもらえたときの影響力の大きさは前述の自治体独自の媒体とは比べ物になりません。

　そのほか、観光振興においては、観光スポットや途中経路に設置する案内板も観光客に情報を提供するものです。

▶▶▶ 大事なのは何のためにつくるか

　皆さんが担当職員としてパンフレットやウェブサイトなどのプロモーション媒体を手がけることになったら、最初にすべき大事なことは、作成する目的、プロモーションする内容や対象を考え抜くことです。

　例えば、地域の魅力的な企業を紹介するパンフレットを作成することになったとします。その目的を「地域の魅力的な企業を紹介すること」だとするのでは不十分です。なぜ、魅力的な企業を紹介するのか考えてみましょう。紹介することで、その企業の商品を買ってほしいのか、その企業に就職してほしいのか、そのような企業がある地域に住民が誇りを持ってほしいのか。どの目的でも企業紹介をすることにはなりますが、目的によって紹介すべき企業や紹介する相手は変わってきます。

　商品を買ってほしいのであれば、買ってほしい人はどんな人でしょう。ビジネス客か一般消費者か、富裕層かそれ以外か。一般消費者に買ってほしいのであれば、大型の工作機械を製造している企業の紹介は向きません。富裕層に買ってほしいのであれば、安価な商品の紹介は向きません。

▶▶ 情報を受け取る側の3段階を意識する

　目的を明確にしたら、それに適した全体構成、デザイン、文章や画像を考えます。その際、情報を受け取る側の3段階の動きを想像してください。第1が「見てもらえる」ことです。どんなに中身の情報が詰まっていても、見てもらえないと始まりません。第2が「理解してもらえる」ことです。見てもらえても、伝えたいことが伝わらなければ、そこで中断してしまいます。第3が「見た人を動かせる」ことです。中身を理解してもらった後、見た人の気持ちを動かしたり行動に結び付けたりする変化が起きて初めて成功といえます。商品紹介パンフであれば、手に取り、読んで商品情報を理解し、魅力を感じて購入する、という流れです。

　ところで、プロモーションの一手段として多くの自治体がご当地キャラクターを活用しています。熊本県の「くまモン」のように高い知名度を得ている例もありますが、それには相当の労力やコストも必要です。

　何のためのプロモーションか、紙媒体と電子媒体の使い分けも含めて費用対効果を考えて取り組むことが大切になります。

▶▶ 紙媒体・電子媒体での3段階で注意したいこと

　紙媒体を「見てもらえる」ことは、気づいてもらえるということ、手に取ってもらえるということです。作成するときに、どこにどうやって配布するかまでイメージする必要があります。海外の富裕層向けの外国語パンフを作成しても、届ける手段がなければ意味がありません。販路開拓の企業紹介パンフを展示会場のような人が集まるところに置くとしても、数ある紙媒体の中から選ばれるインパクトが必要です。

　電子媒体を「見てもらえる」ということは、サイトのページやSNSの記事にたどり着いてもらえるということです。律儀に自治体のトップページから順を追ってクリックする人も公式SNSを頻繁にチェックする人も多くはありません。一般的な消費者行動ならば何らかの言葉で検索して、たどり着くはずです。見てもらうためには、自治体や企業を知らない人でも検索でヒットするような記事にする必要があります。例え

ば、SNSで自治体の個別の事業名「○○認定制度」などの用語で検索する人はまずいません。ハッシュタグを使うなら、予備知識の少ない人でも検索しそうな言葉にした方がいいでしょう。

「理解してもらえる」ということは、紙媒体も電子媒体も、特別な知識を持った専門家ではない一般人でもわかるということです。自治体職員が書く文章は、言葉が事務的なうえに正確さを求めるあまり情報過多で冗長になりがちで、プロモーション向きではありません。簡潔な言葉と短い文章を心がけ、写真やイラストも併用することをお勧めします。

ただ、くだければいいというわけでもありません。工場誘致などのビジネス向けの媒体であれば信頼感も必要です。読んでほしい対象の人が不快にならないレベルを心がけてください。

「見た人を動かせる」ということは、文章や画像の表現方法より、むしろ掲載内容自体が適切でなければ実現困難です。商品紹介であれば、魅力のある商品をきちんと選び、その魅力がどこにあるかという情報が十分になければなりません。地域の特産品であることや生産者のこだわりだけでは足りず、そのこだわりなどが買ってほしい人にとってどう有益かイメージさせられる必要があります。その材料をどこに見出すかは、掲載内容の選定や記事作成のための取材段階の対応で成否が左右されます。

▶▶ デザインと契約手続きの課題

プロモーション媒体の効果は、デザインの優劣にも大きく影響されるため、プロであるデザイナーに依頼をすることがあります。ところが自治体の契約手続きは金額の多寡で判断する一般競争入札の原則を貫いてしまうと媒体の作成を委託する会社のデザイン力を考慮できません。どれだけ柔軟に対応できるかは、自治体の契約方針によって違ってきます。

担当事業の趣旨に合ったデザインができる質の高い契約先を選び、その会社と随意契約ができるほうが、プロモーション媒体の作成には有効です。それが難しい場合は、担当事業として求める趣旨や詳細を仕様書に極力盛り込み、どの会社が落札しても最低限の質は保てるようにしましょう。あとは担当職員がデザイン力を発揮してカバーするなどします。

5 | 8 ◎…プロモーション媒体の情報を効果的に届ける

▶▶ 作っただけで満足しない

　プロモーション媒体を作成・運用する業務を担当すると、パンフレットやポスターを作る段階、ウェブサイトやSNSの記事を書く段階だけに意識が集中しがちです。作成を終えたところで一段落して、自分は十分に仕事を果たしたという気になってしまう人もいます。しかし、作成した後も大事です。パンフレットを大量に印刷して、納品されたら庁内の窓口や公共施設などに配布し、時期が過ぎると残部を資源ゴミとして処分するという残念な例もあります。中にはウェブサイトやSNSの記事の閲覧数や反応を把握していない担当職員もいて、これでは効果を果たしているかわかりません。**プロモーション媒体は、作ること・伝えることだけではなく、届くこと・伝わることが重要です。**

▶▶ 紙媒体の作成 〜 配布のタイミング

　プロモーション媒体は、中身はもちろん、タイミングも大切です。紙媒体を外注で製作する場合の手順は、おおむね次のようになります。

---

①掲載概要・デザイン・印刷の仕様の決定
②契約の締結
③文字原稿・掲載画像の作成・準備
④入稿→校正
⑤印刷・納品
⑥配布

各段階が少し遅れただけで全体に影響が出ます。②が入札やプロポーザルで行われる契約であれば、自治体の規定の手続きに必要な日数の確保が最低限必要です。③の原稿・画像の作成・準備は、自前でもライターやカメラマンへの外注でも1日では終わりません。⑤の印刷は発注先の工場の稼働スケジュールに影響されます。⑤まで終わって納品されても⑥の配布を終えるには配送時間がかかるので、それらも見込んでスケジュールを立てなければなりません。

また、これらの各段階では、庁内での決裁手続きや、場合によっては掲載内容に誤りや不適切な表現がないか関係者への確認も必要になることを忘れないでください。

イベントの告知チラシのデザインがどんなによかったとしても、作成スケジュール設定が悪く、イベントの前日に配布するようになってしまっては遅すぎます。プロモーションしたい内容に即して、どのタイミングで配布することが最も効果的かを考えて日時を定め、そこから作成に要する時間を逆算して作業を始めることが必要です。

▶▶ 電子媒体の作成 〜 発信のタイミング

電子媒体のウェブサイトやSNSは担当職員が自ら作成・更新できるため、紙媒体のチラシやパンフレットの印刷・配布よりも素早く対応でき、時期を失することなく鮮度の高い情報を発信できます。

募集などのために中身を事前に伝えるのか、実施中の様子をリアルタイムに伝えるのか、実施後にその成果を伝えるのか、どのタイミングが必要で効果的かを考えましょう。イベント集客の告知であれば、数か月も前では早すぎますし、当日の朝だけでは遅すぎます。新製品の発表であれば、数日程度は遅れても支障はないですが、数週間後では遅すぎます。

配信スケジュールを考える際にポイントになるのが、庁内の決裁手続きです。個人のSNSの発信であれば個人の判断だけで自由にできますが、自治体として発信する以上、発信の要否、文章や画像の内容などの適切さが問われます。この決裁手続きの仕方は、自治体や使用するアカウントによっても異なります。自治体全体の公式アカウントでの発信は

所管部署だけでなく広報担当部署の決裁までを必要とすることもあれば、基準内であれば管理職の事前チェックもなしに担当職員のみで発信できるものもあり、まちまちです。この手順に要する時間を加味して作業を進めないと肝心のタイミングがずれ込んで遅くなり、電子媒体のよさを活かせないこともあります。

　ただ、SNSの不適切な発信は炎上するおそれもあるので、急ぐあまりに内容や表現のチェックがおろそかにならないようにしましょう。

▶▶ 配布・発信の相手先は自分からつくる

　紙媒体を配布する際、時にやりがちなのが庁内のラックに配置し、図書館などの公共施設に送るだけ、というやり方です。媒体を届けたい相手に適した場所なのかを地域外への配布も含めて考えましょう。企業マッチングが目的ならば展示会場や国・都道府県の産業関連施設、雇用確保が目的ならば学校やハローワーク、地域産品の販売が目的ならば興味を持ってくれそうな消費者が利用する商業施設や飲食店のほうが効果的です。届けたい相手が参加しそうなイベントなどがあれば見逃さず、会場で配布させてもらえるように担当者にお願いしましょう。

　SNSやメールマガジンなどの電子媒体は、見てくれるフォロワーや登録者がどのような方々なのかを把握しましょう。地域の企業関係者が多いのか、それとも一般消費者が多いのか、それらは媒体で伝えたい相手なのか、SNSの「いいね！」などの反応はどの記事にどのような人がしてくれるのかといったことです。一般向けに発信しているつもりでも見ている人が関係者ばかりだったら、たとえフォロワーが多くても目的を十分果たしているとはいえません。このようなことがわかれば、ハッシュタグの付け方や添付画像を変えるなどの工夫で改善します。

▶▶ 配布・発信を終えた後のケアも忘れない

　配布・発信後の媒体も気に掛けることをお勧めします。終了済みのイベントのチラシや何年も前の案内パンフレットがラックに放置されてい

るようでは残念です。流行遅れの服や傷んだ野菜を売っている店のように
なってしまい、自治体のイメージダウンにつながります。ウェブサイ
トも廃業・閉店した企業の紹介記事をそのままにしたり、終了した事業
を掲載したままにしないようにしましょう。SNSの場合、炎上に気付
かず放置しているとトラブルの元なので、こまめに確認してください。

　なお、配布・発信後の効果を測るには上記のような表面的な数だけで
なく、目的自体の達成度が測れると理想的です。集客や購入を促す媒体
であれば、実際にどの行動に結びついたのかを来場者や購入者へのアン
ケートやインタビューで調べてみる方法も考えられます。

▶▶▶ プレスリリースで報道機関などに取り上げてもらう

　自治体自身の媒体で情報を届けるのとは別に、報道機関などに自治体
や地域企業の取組みを発信してもらうことも大切です。

　王道の方法はプレスリリース（報道機関向けに発表する公式文書）で
す。一般的には、庁内の広報担当部署が報道機関に発信する情報を管理
しています。手続きの仕方は各自治体の決まりに従ってください。リリー
スされた情報は新聞社やテレビ局に渡り、興味を持ってもらえれば、そ
のまま報道されたり詳しく報道するための取材依頼が来たりします。

　プレスリリースで注意したい点が2つあります。第1にリリースはほ
かの自治体や民間企業からも数多く出されるので、簡単には取り上げて
もらえないことです。目につきやすいタイトルや画像、ほかと差別化で
きる特徴を強く打ち出す必要があります。第2に自治体全体として公式
にリリースするので全庁的な基準による縛りがある点です。自治体の施
策や大規模なイベントには適していますが、単一企業の新商品開発や
セールなどは自治体の基準によってはリリースが難しいかもしれません。

　ほかに報道機関などに取り上げてもらう方法は、報道機関の記者など
に担当職員が直接連絡することです。業務で取材を受けるなど報道機関
と知り合う機会を逃さず、連絡先を把握しておき、後日別の案件を取材
してほしい時に連絡します。あくまでお願いなので必ず報道してもらえ
るわけではありませんが、使える機会は積極的にとらえましょう。

5｜9 ◎…「連携」で様々な 可能性を広げる

▶▶▶ 1＋1＞2になり得る連携

　産業振興施策においては、担当部署と企業との1対1の関係、例えば補助金の申請を企業から受けて交付するというようなものが基本ではあるものの、そればかりではありません。**業務の中では、複数の主体との連携が効果的なこともあり、その形態としては、①企業同士の企業間連携、②自治体同士の自治体間連携、③企業と大学・高校などの学校との産学連携、の主に3つがあります。**これらによって行われる施策の例は以下のとおりです。

【連携による産業振興施策の例】

・企業間連携・産学連携による下請け脱却のための新商品開発
・産学連携による商店街の販促イベントへの学生スタッフの参加
・企業間連携による合同の社員研修
・自治体間連携による広域の観光イベント・ツアー
・産学連携による空き店舗の改修・運営

▶▶▶ 企業間連携で1社ではできなかったことに取り組む

　商品開発やイベントなどは規模の小さい中小企業が1社だけでできることに限りがあります。技術、人材、経費それらを有効に活用するため、企業間の連携は何かと期待され、実務上、企業間や庁内の会話の中で「連携したい」「連携できるといい」という声を聞くことは多いものです。

地域内の企業同士、あるいは地域外の企業との連携を実現するために、自治体が主催して交流会や意見交換会を開く例もあります。また、ビジネス相談対応の中で扱う企業同士のマッチング（p108）も、ある意味で連携を支援しているといえるでしょう。

　担当職員が仲介して連携を進めるために大事なのは、企業についての知識、社長や社員との人脈です。ある企業から、「○○の課題を解決したい」とか「○○のイベントをしたいから仲間がほしい」などの要望を聞いた時、地域内外のほかの企業で対応できそうなところがどこか頭に浮かぶことが必要になります。個別にはわからなくても、どこにアプローチすれば、そのような企業と関われるかを知っていれば問題ありません。これには普段からの勉強で得る知識と経験で培う人脈が大事です。

　具体的テーマがなく「交流・連携」だけを掲げて会合を行うこともできますが、この方法はあまり効果的ではありません。漠然とした交流では、参加者が共通の目的や課題感を持っていないことがあるためです。むしろ「後継者育成」などの具体的テーマで企業の後継者・後継者候補を集めてセミナーを実施した結果、参加企業同士が連携して販路開拓や社員育成に取り組むという例もあります。

▶▶▶自治体間連携で共通点のある地域とともに取り組む

　近隣の自治体同士や似た特徴・課題を持つ自治体同士で連携する施策もあります。例えば製造業者が多く集積している自治体同士や、観光コンテンツとなる歴史的な人物や事件が共通している自治体同士などです。姉妹都市といわれるものも、このような自治体間連携の１つといえます。共通課題について情報交換・意見交換をする会議を開いたり、合同で展示会や観光イベントを実施したりします。

　一自治体では小規模な予算しか確保できないものも、複数の自治体が連携することで規模の大きな事業を実施することが可能です。また、地域内の企業にとっても、行政区域に限定されずにほかの地域の人と知り合えたり情報が得られたりするメリットがあります。自治体の行政区域内かを日常的に気にするのは自治体職員くらいで、経済活動や観光には

あまり関係がありません。取引先や観光地が、どこの県のどこの市にあるのかをこと細かく認識している一般の人は、むしろ少ないでしょう。

　自治体間連携に際して注意したいのは、特徴・課題がある程度は共通していても、細かい箇所やアプローチの仕方までも同じとは限らないことです。小規模な企業同士ならば経営者の判断で素早く進められるものも、自治体はそれぞれの組織における条例・慣習による予算や決定手続きが異なり、融通が利きにくい面があります。

　自治体間連携で事業を進める場合には、各自治体が別々に予算を持って進める方法と、連携する自治体で構成する実行委員会のような任意団体に各自治体が負担金を拠出したうえで一体的に進める方法があります。いずれにしろ具体的なことを決めていくためには距離の離れた自治体間で、その度に協議しなければならず、連携する自治体の数が増えるほど調整に時間を要するので簡単なことではありません。そのため、大きなイベントなどを連携して実施するよりは、緩やかなネットワークとして情報交換や広報面での協力をするといった連携となるところもあります。

▶▶ 産学連携で学校の知見を活用する

　連携の中で注目されやすいのが、企業と大学・高校などの学校との産学連携です。自治体が仲立ちする場合は産学官連携ともいわれます。企業の商品開発に大学の知見を活用したり、学生がイベントのスタッフとして参加することで社会体験をさせたりします。中小企業や自治体だけでは知ることの少ない先進的な技術に触れることができ、学生がマンパワーになるだけでなく若い世代の感覚を企業が知る機会になることなどもメリットです。

　産学連携には、企業などの地域側の課題解決ニーズのために学校を活用する面と、学校側の研究・教育ニーズのために地域が協力する面の両面があります。産業振興の観点からは地域の課題解決こそ期待したいところですが、自社の課題解決を明確にして学校などに協力を求められる企業はそれほど多くありません。企業に課題がないわけではなく、企業の喫緊の課題が多くの場合は資金繰りや販路のためです。

そのような中で無理に産学連携を進めようとすると、自治体や学校から提示したプログラムに地域の企業が参加する方式になります。結果として、企業には実益が少ないなかで協力してもらうことになり、学生のアイデアによる商品を作ったり学生が中心に運営するイベントを実施したりして物珍しさからニュースにはなっても、企業のビジネスには結びつかず単発で終わりがちです。

実益のある産学連携を行うには、自治体の担当職員が大学などの学校の得意分野と企業の課題をそれぞれ丁寧に聴き取って理解したうえで、適した組み合わせになるように引き合わせることが必要になります。企業とじっくり話してみると、当事者も意識していなかった隠れた課題が学校の協力で解決できることに気付くこともあります。

産学連携を進める際に気を付けたいのが費用負担です。大学発信で企業に協力を申し出るのではなく、企業側から研究を依頼する場合は内容によって100万円単位の経費がかかります。これを企業か自治体の側で負担できなければ連携は成立しにくくなるので注意してください。

▶▶ 連携を目的にしない

企業間連携、自治体間連携、産学連携、いずれの連携も耳心地はいいものですが、安易に飛びつかないほうがよいでしょう。「連携」自体は目的でも事業でもなく、何らかの目的で行う事業において、単体で行うか、より効果的にできる誰かと組んで行うかという一手法に過ぎません。

やりたいことが先にあり、それを実現するためのノウハウや利点を持っているほかの主体がいれば、そことの連携を初めて模索するのが筋です。

業務の中で「連携できるといいね」という話が出ることはよくありますが、それ自体はネットワークを広げる意味でよいとしても、それだけを理由に連携事業と銘打って新たに事業を立ち上げるのは、制約も多く、あまりうまくはいきません。

まずは皆さんが直面している課題をどう解決するかを、考えてください。その過程で、同じ課題に取り組んで成果を上げている自治体や大学があれば、連絡を取ってみましょう。

5|10 ◎…「施設」というハード施策としての場所を用意する

▶▶ 目的に応じた施設を設置する

　産業振興における課題に応じるものとしては、ここまで挙げた補助金や認定・表彰、イベント、プロモーション媒体などのソフト施策と合わせて、ハード施策として以下のような施設を設置する方法があります。

【産業振興に関する施設の例】

・下請け脱却などの経営相談を常時受け付ける相談センター
・販路開拓のための展示会などを開催できる展示場
・雇用確保のための就職相談室
・創業者・創業希望者が入居できる創業支援施設
・観光客への案内や物品販売を目的とした観光案内所

　これらの施設は各自治体によって様々な工夫もあります。創業支援施設（インキュベーション施設）であれば、入居できるだけでなく3Dプリンターなどの最新の工作機械を用意して、ものづくりもできるようにしているところも最近は増えています。また、観光案内所は地域内の観光スポットや交通の要衝に設置するほか、地域外の東京などの繁華街にアンテナショップの機能を持たせて設置している例も多くあります。

▶▶ 施設の運営方法

　自治体が設置する公設施設の運営方法は業務委託か指定管理となり、外部の企業などに運営してもらうのが一般的です。業務委託の場合は、

施設の維持管理や受付などの決められた業務のみ仕様どおりにしか行えないのに対して、指定管理の場合、包括的でより自由度が高く独自の自主事業の実施なども可能となります。皆さんが施設の担当職員となった場合は、その施設が指定管理か業務委託かを確認し、その特質や規定している仕様の内容について調べておきましょう。いずれにしろ自治体の施設担当職員は、受付などの細かなことを自ら直接行うというより、外注先の指定管理者や業務委託先とのやりとりが主な業務です。

産業振興に関する施設をより広く捉えると、自治体の支援を受けた外郭団体や民間企業などが設置した民設施設も含めて考えられます。自治体からの補助金で観光協会が設置した観光案内所や、補助金で民間企業が設置した創業支援施設などです。これらは公設施設ではないので管理運営そのものに絡む業務は自治体には発生しませんが、自治体が運営に一定の支援をしているものなので、担当職員には運営状況の把握やフォローが求められることもあります。

▶▶ 煩雑なハードの管理が必要

施設の担当職員にはソフトの制度運用と異なる煩雑さや緊張感があります。どのような目的の施設であれ、施設という建物である以上は建物として配慮しなければいけないことが日々生じてくるためです。

施設利用者の受付対応、水道光熱費や通信費の支払い、トイレットペーパーなどの消耗品の補充、施設内の清掃や消防設備の点検など、施設というハード設備に伴うものは様々にあります。場合によっては、担当職員が毎月の支払いや随時の消耗品購入などをしなければなりません。業務委託先や指定管理者が行うことになっている内容も、担当職員が全く関知していないわけにいかないので気に掛けておく必要があります。

また、時折あるのが、施設利用者からの要望やクレームへの対応です。現場だけで収まらないレベルのものは所管部署に持ち込まれます。想定していない使い方の希望を認めるかどうかなど、中には脅しや政治性の強いものなど対応に慎重を要するものもあるので、難しい案件は自分だけで判断せず上司に相談しましょう。

さらに注意が必要なのが災害・事故などの不測の事態への対応です。豪雨による雨漏り、地震による壁面のひび割れ、利用者の転倒事故など、いつ起きるかわかりません。軽微なものはともかく、大きな事故であれば素早く適切な対応をする必要があります。普段何事も起きていないとついつい油断しがちですが、緊急時は皆さんが対処しなければなりません。事故発生後、業務委託先が担当職員に連絡しなかったり、業務委託先が担当職員に連絡してもつながらずに対応が遅れたりすると、所管部署の責任を問われる事態になります。施設関係者とは、休日夜間でも連絡がつくように緊急連絡先を互いにきちんと把握しておきましょう。

▶▶ 施設は設備ではなく運営が肝

　施設の担当職員になると、直接対応するのは指定管理者や業務委託先であるとはいえ、日々の利用手続きや設備管理などをこなしていくだけでも結構な事務量になります。しかしながら、施設は施設自体のために運営するのではなく、設置目的を果たすために運営するものです。

　東京都台東区の創業支援施設「台東デザイナーズビレッジ」は有望なクリエイターを輩出し、施設が立地する場所の周辺である蔵前などの地域の魅力を高めていることで有名です。小学校跡地を活用しているとい

■台東デザイナーズビレッジ

う施設の魅力もさることながら、ハードのよさだけで成功しているわけではありません。インキュベーションマネージャーが入居者に適切なアドバイスをするその手腕に負うところが大きくあります。

施設という建物はハコに過ぎません。そこが管理運営者にどのように運営され、施設利用者にどのように利用されるかが肝です。ハコとしての施設のハードの管理だけをして安心しないようにしましょう。大事なのは設置目的を果たしているか、どうすれば果たせるかです。施設の担当職員は、施設運営というソフト部分にこそ目を配る必要があります。

▶▶ 机上の事務だけでなく現場を大切にする

施設の管理運営に際しては、指定管理者や業務委託先などの現場担当者とこまめに連絡を取り合い、十分な意思疎通を図ることが大切となります。産業振興担当部署が同じ施設内に配置されていれば互いの顔も見えてやりやすいですが、担当職員が施設と離れた庁舎などにいる場合には注意が必要です。

離れた場所にいると、特別な用事がない限り担当施設の現場に行かなかったり業務委託先の現場担当者と会わなかったりします。一方、現場担当者も忙しくて余裕がなかったり、担当職員を煩わせまいと気をつかったりして、担当職員にあまり連絡しないということも生じがちです。結果として双方の情報共有が十分にされないことがあります。これが蓄積されると解決すべき課題が対応されないまま放置され、いずれ事故や問題に発展しかねません。例えば、設備が汚れたまま放置されていたり実施時期を過ぎたイベントのポスターが貼られたままになっていたりすると、クレームにつながることもあります。

毎日行くことまでは不要だとしても、あまり間を置きすぎず、ほかの業務に支障が出ない範囲で定期的に担当施設に顔を出すことをお勧めします。何気ない雑談も含めて平時から現場担当者と会話をしておくと、連絡体制や設備の不全など、今まで言われていなかったけれど実は現場が抱えていた課題がわかるということもあります。現場の様子を知るために、日頃から現場を気に掛けていることが重要です。

COLUMN・5

買い物でも旅先でも……職業病？

今まで考えなかったことを、ふと考えてしまう

　商工業や観光という分野は、仕事ではなくてもプライベートで目にする機会が多いものです。日用品や趣味の買い物をしたり、休みには観光に出掛けたり。今まで何げなくしていたことが、産業振興担当として働くうちに見方が変わってきました。

　買い物や旅先で、考えてしまうことがあるのです。

　「これ、どこで作ってるんだろう？　あ、外国産だ」

　「この観光案内のパンフレット、いいなぁ。どこが発行してるんだろう？」

　買い手側の目線ではなく、つい売り手側や支援をする側の目線になってしまう時があります。職業病ですね。

　ある日、旅先の商店街を歩いていて「ここの街灯、補助金で設置したみたいだね。表示がしてあるよ」と口走り、「旅行の時まで仕事の話をしない！」と妻に言われてしまいました。

どうやって作ってるか、気になる

　著者が主に担当しているのは、町工場や伝統工芸の職人を支援する工業振興です。仕事柄、ガラス食器や革カバン、金属・プラスチックの部品など、様々な製品が作られるまでの工程を見る機会があります。これまで知らなかったことがわかるので、とても面白いです。

　そのうち、日々の生活の中で、ふと疑問を持つようになりました。

　通勤電車の中で「この手すり、どうやって作ってるんだろう？」

　お菓子を食べながら「この入れ物のトレイ、真空成形かな？」

　気にし始めると、いかに自分のまわりにある物がどうやって作られているかをほとんど知らないことに気づかされます。

　全部の作り方を知ることは到底できませんが、それらが誰かの手で作られていることに思いを馳せる今日この頃です。

第 6 章

残念な産業振興施策に
しないためのポイント

本章では、配属1年目の担当職員だけでなく2年目以降も気を付けたい「残念な産業振興施策に陥る罠」と「罠に陥らないための方法」について、ケーススタディもまじえて取り上げます。

6 | 1 ◎…本来の「目的」を理解して取り組む

▶▶ まじめにやれさえすればいいわけではない

担当事業に伴う業務は、普通にやるだけでも結構苦労するはずです。ところが、せっかく苦労しても「罠」にはまると、全く報われなくなってしまうかもしれません。誰かがその罠に気付いて、事業に批判的な意見を口にすることもあります。皆さんがその罠に気付いていないと、「なんでそんなこと言われなきゃいけないの？ まじめに苦労してやってるのに」と思いがちです。

産業振興担当の業務は、「まじめにやれさえすればいい」わけではありません。「ただまじめ」なだけだと、産業振興施策の「罠」にはまることがあるのです。

産業振興担当の職員になった当初は、担当事業の決まり事や手続きを知らないのはもちろん、地域の企業のことも交わされる会話内に頻発する言葉の意味もわからず、戸惑うことばかりです。ただただ目の前のものを覚えていくだけで精一杯かもしれません。それから何か月、何年と経ってくると、担当事業にも周囲の環境にも慣れてきます。どのように事務を進めればいいかもわかってきて、粛々と書類を作成したりイベントを運営したりできるようにもなるでしょう。それはそれでいいことです。

しかし、その「粛々と」に落とし穴があります。「粛々と」だけでなく「目的」「民間目線」「仲間としての関係性」「主体性」を伴わないと、残念な施策になってしまいます。配属1年目だけでなく2年目以降でも、この罠は誰もが油断するとひっかかるので要注意です。

せっかく働いているからこそ、残念な反応をされないために注意してほしいことを、これから説明します。

▶▶ 産業振興担当の目的に立ち返る

　配属されると、それぞれの担当事業を示されます。事務分担表があって、氏名の横に「〜補助金」「〜セミナー」「〜祭り」などの個別具体的な事業名が書かれているはずです。そして、「私は〜補助金の担当なんだ」と思うでしょう。それは正しくもあり、少し間違ってもいます。

　担当事業が何であれ、補助金やイベントなど具体的なものを実施することだけが、皆さんの仕事ではありません。そこには本来の事業目的があり、究極的な目的は地域の産業振興です。地域の産業振興とは、「稼げるまちにすること」と「既存の企業を支えること」です。皆さんは、これらを実現するために日々の仕事をすることが求められています。

　評価の仕方については4-2でも解説しましたが、決して担当事業の細かな事務手続きをこなすことだけが仕事ではありません。目の前の事務手続きをやるだけなのは楽ですし、やった気になれるので安心もできます。ところが、それでは結局のところ、関係者の満足を得られないことがあるのを忘れないようにしましょう。

　仕事をするのは時間も手間もかかります。せっかく手間暇かけて仕事をしても、それが表面的なものに終わって成果が残らないとしたら働き損です。同じ苦労をするのであれば、**しっかりと目的を理解して、少しでも目的の実現に近づける仕事の仕方をすることが、担当している施策を残念なものにしないためにとても重要です。**

▶▶ 「新商品開発の補助金」の残念な例

　中小企業が新商品開発をするための経費に対する補助金を担当していたとします。補助金の交付要綱を読み、規定のとおり申請を受け、交付決定の手続きをして補助金を支出し、そこまでの手続きにトラブルはありませんでした。担当事業の仕事を無事に終えたと思うかもしれません。

　でも、次のようなことが起きていたら、どうでしょうか。

・補助金10件分の予算を確保していたが、申請は1件しかなかった。

・補助金で開発・販売された新商品が全く売れていない。

いずれも確かに新商品を開発していて、その経費を適正に申請しているものに補助金を支出しているので、担当事務は間違いも滞りもなくできています。しかし、なぜ新商品開発に補助金を出しているのかという事業目的まで考えると評価は変わってくるはずです。

　10件の予算に対して１件しか申請がなかったならば、補助金を使いたい企業がいるのに知らないままになっている、または、新商品開発補助金にニーズがないなどということが考えられます。認知度が十分か、制度にニーズがあるかを調べ直して対策を講じる必要があるでしょう。

　売れない新商品開発をしたい企業はないはずです。補助金を出すだけでなく開発・販売のプロセスもフォローする方がよいかもしれません。

　つまり、新商品開発補助金の目的は「ただ開発費の補助をすること」ではなく、「企業にとってメリットのある新商品開発を実現すること」と理解して取り組むことが重要です。

▶▶▶ 「観光客向けの飲食・物販イベント」の残念な例

　観光客を呼び込み飲食・物販を楽しんでもらうイベントを担当していたとします。企画・準備をきちんと進め、告知に努め、当日は５千人の観光客が集まって大いに賑わい、観光客の反応は上々で、事故もありませんでした。担当事業の仕事を無事に終えたと思うかもしれません。

　でも、次のようなことが起きていたら、どうでしょうか。

・会場前まで観光バスで送迎するので観光客は地域内を全く歩かない。

・会場内の飲食・物販店は大半を地域外の業者が占めている。

　いずれもイベントに多くの客が来て会場内の店舗が儲かっていれば、一見した限りでは成功しているように思えるかもしれません。しかし、観光イベントの実施目的まで考えると評価は変わってくるはずです。

　地域の外から観光バスでイベント会場に乗り付けて、会場内だけ動き、観光バスで出て行ってしまうなら、地域の魅力を見聞きする機会はとても少なくなってしまいます。地域を知ってもらう取組みが必要です。

　会場内を地域外の業者が大半を占めているとすれば、会場内で地域の産品や飲食・芸能を楽しんだりすることも叶いません。どんなに売上額

が多かったとしても、それらは地域の外に流出してしまいます。地域にお金が落とされるようにする必要があります。

イベント会場だけでなく地域内を巡るツアーを実施したり、会場内で地域の産品を優先的に販売したりすることが考えられます。

つまり、観光客向けの飲食・物販イベントの目的は「ただイベントで観光客を集めること」ではなく、「飲食・物販イベントで観光客を地域に呼び込むことによって地域の魅力を知ってもらったり企業の売上につなげたりすること」と理解して取り組むことが重要です。

▶▶▶「優れた店舗の認定」の残念な例

優れた飲食店・物販店を認定して PR する事業を担当していたとします。複数の応募があって調査資料を作成して審査し、認定店舗に認定証を交付して、紹介冊子やウェブサイトの記事を作成しました。認定店舗は喜んでいます。担当事業の仕事を無事に終えたと思うかもしれません。

でも、次のようなことが起きていたら、どうでしょうか。

・冊子などを配布した後、認定店舗も認定事業も、地域内外でほとんど知られていない。

・認定店舗を訪れた客から「ひどい店だ」という複数の声がある。

いずれも認定された店舗自体は満足しているかもしれません。しかし、認定事業の実施目的まで考えると評価は変わってくるはずです。

認定店舗も認定事業も世間に知られていないなら、認知度の向上には役立っていないことになります。知ってもらうための工夫が必要です。

認定店舗の評判が悪いなら、認定自体の信用性が疑われてしまい、ほかの認定店舗や地域自体が悪く見られてしまうかもしれません。認定店舗の質を確保する必要があります。

認定店舗を知ってもらうためのイベントを実施したり、認定の審査基準を見直したりすることが考えられます。

つまり、優れた店舗の認定 PR の目的は「店舗を認定し PR 用の冊子等を作ること」ではなく、「優れた店舗を認定して PR することで店舗や地域の認知度や評判を高めること」と理解して取り組むことが重要です。

6|2 ◎…「民間目線」で行政とは異なる経済活動を意識する

▶▶ 公平性を盾にしない

　どこの部署であれ公務員として働くときには、公平・公正を意識しているはずです。それはとても大事ですが、産業振興担当の職員として働く時には足かせになることもあります。例えば「○○を扱う企業を探している」という問い合わせがあったら、皆さんはどう対応しますか。

　①　知っている企業がないので「わからない」と答える。

　②　知っている企業の名前を答える。

　③　「特定の企業の名前は伝えられない」と答える。

　①は担当職員として情報収集したほうがよいですが、実務でときに見掛けるのが③のような回答です。公務員として公平性を意識して、特定企業を優遇する態度をとらないようにしているのでしょう。それでいうと②は不公平に思えるかもしれません。

　では、観光振興を担当する職員が「お勧めの観光地は？」と質問されて、公平性を理由に「特定の観光地は言えない」と答えたら、どうでしょうか。ホテルでも土産物店でもテーマパークでも、特定の名称を出すこと自体が公平性を損なうとすれば、観光振興は成り立ちません。

　地域の産業振興には、地域内の企業や観光地の魅力を内外に伝えて、より多くの人に知ってもらい、評価されるようにすることが大事です。公平性を盾にした③のような答えを、平然と述べるだけでは、せっかく地域に関心を持ってくれた人をみすみす逃してしまうことになりかねません。それでは、いくら個々の事務を無難にこなせているとしても、産業振興担当としては残念な対応になってしまいます。

▶▶ お客様の目線で考える

　産業振興の仕事に際して、公平性を意識しすぎてしまうと手足を縛られて何もできなくなります。

　そのようなときはまず、企業や観光地にとってのお客様の目線で考えてください。商工業振興であれば企業の取引先や消費者の目線、観光振興であれば観光客の目線です。企業や店舗を教えられない商工業振興に何ができるでしょう。観光地を教えられない観光振興に何ができるでしょう。質問する側からすれば普通に思えることが、公務員という立場だと必要以上に身構えてしまって普通に思えなくなることがあります。

　当然ながら不正行為は許されません。収賄や明らかな利益誘導はもちろん、「他社は全然ダメだから絶対にＡ社と契約すべき」などと必要以上に特定企業を優遇するような言動も公務員としては違法・不適切です。

　しかし、一方で地域の産業をひいきにしてもらうために活動するのが、産業振興担当の業務でもあります。言い換えれば、産業振興担当とは、地域産業の営業職です。極端な平等を追求するような公平性は営業職には馴染みません。頭の一部から「厳格な平等・公平」の意識を取り除いて、あくまで一般人のお客様の目線で考える習慣を付けることをお勧めします。お客様の目線で考えてみたときに、皆さんに期待される役割は何か、それにはどうすれば応えられるかを考えて、実践を試みることが大事です。営業ぶりが板について公務員だと思われないくらいになったら、地域の人にも一目置かれることでしょう。

▶▶ 事務手続きと地域振興を当然視しない

　産業振興に限らず自治体の事業は、ほとんどに事務手続きが伴います。それらは担当職員だけ行えばよいものばかりではなく、関係書類を地域の人々に記入してもらう必要があったり、庁内の手続きが終わるまで何日も待ってもらう必要があったりします。お役所仕事はそういうものだから仕方ないと考えている方もいるかもしれません。

　でも、公務員ではない人にとっては、これらを当然のこととは思えま

せん。手続きを依頼する際にはそのことを念頭に置いて対応しましょう。

　地域の中小企業や個人店舗は規模が小さくて人手が少なく、事務手続きの専門家もあまりいません。中には職人１人だけの工房や店主１人だけの飲食店などもあります。お役所の手続きは大企業の社員でも面倒がるどころか、公務員自身でさえほかの役所の手続きを煩わしく感じることもあるくらいです。ましてや中小企業や個人店舗の人は、お役所の事務手続きがわからなくても当然といえます。わかりやすい言葉で説明し、書類の書き方などをフォローできるといいでしょう。

　また、手続きと同じように、地域振興への貢献も、当然のものとして企業に押し付けないよう注意しましょう。自治体は地域全体のためにありますから、職員には私的な利益ではなく全体のためを考えて施策を進めていくべきであるという癖がついているものです。

　でも、地域の中小企業や個人店舗は、地域との共存を求められることはあるとしても、地域のためだけに経営しているわけではありません。基本的には自身の売上を確保し、それによって生活することこそが主な目的です。この売上を確保できなければ経営自体が続かなくなるので、それを軽視して地域貢献を要求すれば無理が生じます。

　地域の企業に公務員と同じ能力や価値観を求めすぎると、たとえ善意であっても噛み合わず残念な関係になるので注意が必要です。

▶▶ 経営者の目線で考える

　産業振興の業務の主な相手方は、中小企業の社長や店舗の店長、つまり、経営者です。自治体という滅多に倒産しない組織に属し、条例で決められた給与が毎月支払われることが約束されている公務員と、地域の経営者は全く違います。収入となる売上は自分でつかみ取るしかありません。公務員は毎日出勤すれば常に同じ給与は確保できます。しかし、経営者はどんなに長時間働いたとしても全く売上が得られないこともある不安定な立場です。

　さらに、社員・店員を抱えている経営者の場合、自分の稼ぎだけでなく社員・店員とその家族の生活も支えられる収益を長年にわたって確保

し続けなければなりません。収益確保は、経営者・社員とその家族の死活問題でもあるわけです。日々、彼らはそのプレッシャーを抱えながら事業に取り組んでおり、これは公務員とは大きく違う点になります。

　公務員が楽な仕事で間違っているというわけではありません。公務員とは違う経営者の目線になって、その苦労と覚悟を想像しながら働くことが重要だということです。

　産業振興施策に取り組むとき、経営者の置かれた事情に寄り添った内容や運用になっているかを考える癖を付けるようにしましょう。業務上は問題なく進んでいても、その一方で必要以上に企業に負担が生じているもの、あるいは、名ばかりで実益が全く期待できないものは、産業振興施策としては問題があるかもしれません。

▶▶ 役者のように「民間」になりきってみる

　皆さんが取り組む産業振興施策を残念なものにせず、お客様・経営者の目線で実益あるものにするためには、役者のような気持になって頭の中でお客様・経営者になりきってみましょう。

　そのためには、公務員ではない人と普段から接して会話をすることが大事です。朝から晩まで毎日、庁内の同僚とばかり過ごしていると自然と考え方は偏りがちになります。民間企業に勤める家族や友人、近所の自営業の店主など、自分と異なる生活をしている人と意識して話すようにすると、視野が広くなって少し違う見方がわかるようになるかもしれません。もちろん業務で関わる経営者などの話もよく聞きましょう。仕事上の用件のついでに「最近、経営はどうですか？」などと話し掛けると、雑談の中で経営者が日常思っていることを知ることができます。

　また、物販店や飲食店での客の様子、SNSの記事やコメント、テレビの経済番組で紹介される経営者の発言なども、消費者や経営者の感覚を想像するのには有効です。

　民間の経済活動を元気にするために自治体の産業振興がある以上、その民間の経済活動を理解して、そちら側に立てるように意識することが、本当に役立つ施策にしていくためには重要です。

6|3 ◎…1人の人間として「仲間」になる

▶▶▶ 生身の人間として仲良くなる

　地域の企業と関わることは仕事ですが、あまりに堅苦しく仕事としてやっているようにしか見えないのはよろしくありません。心を開いて本音で話してもらい、本気で関わってもらえなければ、地域の実情を理解して仕事に取り組むことはできないからです。そのためには、企業の人々に自ら心を開き、本音で話し、本気で関わることが大切です。

　窓口や電話での応対の際、用件について話すだけでなく相手に関心を持ち、経営状態や健康状態、あるいは趣味の話などの雑談をして笑い合うくらいに関わりましょう。工場や店舗で商品の説明などを聞いたら、興味や感動を言葉にして自分が関心を持っていると感じてもらえれば、相手はきっと喜んでくれます。感情を表に出せないシャイな性格なら、少しオーバーリアクションなくらいでもいいかもしれません。

　なお、地域の産品や観光地に本心では関心を持たず、ただ仕事だから関わっているだけという「仕事≠趣味」の姿勢は、地域の人々に本気ではないことを見透かされてしまうでしょう。一方で、人にしろ物にしろ個人的な思い入れの強さが先走って完全に「仕事＝趣味」の姿勢もまた、公務員として公正さや冷静さを欠く判断をしかねないおそれがあります。

　理想の姿勢は「仕事≒趣味」の姿勢です。言われたとおりに不公正な扱いをするのではなく、やれない言い訳だけをするのでもなく、地域を元気にしていく同じ仲間として、経営者の苦労や努力も理解したうえで、言うべきことは伝え、やれないことは明確にし、やれることを精一杯やる、 そのような姿勢が、皆さんの言葉、担当業務の進め方に現れてくると、産業振興担当として本当に「いい仕事」ができるようになります。

▶▶ 仲良くなることは「民間」に従うだけではない

　地域の企業と仲良くなり、何を望んでいるか聞いてしまうと、それに全て応えることこそ自分の仕事のように思えてしまうことがあります。しかし、考えもなく単に企業の言うとおり従うようなことは、自治体職員の仕事として適切ではありません。例えば店舗のショップカードを庁舎の窓口に置いてほしいと言われたとき、その店舗が自治体の事業で優れた店舗として認定されているなどの理由があれば置けるかもしれませんが、理由がなければ、心苦しくても事情を説明して断るのが筋です。

　「民間」のために働くということは、「民間」のために正しいことを曲げるという意味ではありません。それは単なる勇み足に過ぎず、不公正なことになってしまいます。自治体の公務員として、最低限の正しさの範囲内で「仲間」として「民間」に精一杯寄り添うことこそが重要です。

▶▶ 同業他社を意識する

　民間の経営者感覚で施策を進めようとすると、企画を考えて動き回り、関わった企業を売り込みたいと考えるようになります。でもそのとき、背後に同業他社もいるかもしれないことは想像しておいてください。

　A社と知り合い、優れたビジネスをしていることを知って、自治体として大いに支援した結果、A社の認知度や売上が急上昇したとすれば、施策として大成功のように思えます。でも、そこには落とし穴があるかもしれません。同じ地域内にある同業のB社のビジネスもA社と比べて遜色ない優れたものだったとしたら、どうでしょうか。自治体の立場や力を利用して、A社のためだけに便宜を図ったと見られるおそれがあります。このような指摘を受けたらせっかくの努力も水の泡です。

　地域の企業のために働くのが産業振興担当の役割ですが、それはたまたま知り合った企業のためだけではなく、理屈上は地域内の全ての企業が対象になり得ます。癒着と疑われる不公正なことをするのではなく、だからといって何もかも平等にするのでもなく、特定の企業について支援するのであれば相応の理由をもって行う必要があるのです。

6|4 ◎…「主体性」を持って臨む

▶▶ 逃げ腰の受け身にならない

　産業振興施策に取り組む際、皆さん自身で考えることが大切です。例えばイベントの内容を決めなければならないことがあります。例年似た内容を実施しているものでも、時期や会場、おおまかな内容が同じだけで、毎年全く同じものであることはとても少ないものです。そこで細かい内容を考えるのは、担当職員の仕事になります。一方、補助金や認定の事務は、多くの場合は要綱や内規で基準が定められているものです。その点でイベントなどに比べれば企画する面はあまりありませんが、それらの基準は個別の事例に全て対応できるほど細かく規定はできていません。地域の企業を対象とする規定の場合に、それは本社でないといけないのか支店でもよいのか、過去に表彰された商品は対象にならないとする場合に、大幅に改良した商品も対象にならないのか対象にするのかなど、解釈の必要が生じてきます。

　要綱やマニュアルに書いていない、どこにも決められていない前例がないことについて、どうするのかを問われたときに、決められたことを粛々とするだけの感覚でいると、戸惑って答えに窮する人がいます。もちろんわからないことは上司や先輩職員に相談するのですが、単純に質問するだけという姿勢はお勧めできません。「**あなたはどう考えているの？**」と聞かれたら、自分の考えを言える必要があります。また、上司に答えを言われたとしても、それを鵜呑みにして「**決まっている**」や「**言われた**」などの責任逃れの説明を相手にするのも望ましくないでしょう。たとえ最終的な結論は同じでも、それを担当職員の立場できちんと説明できなければ、相手の信用は得られません。

▶▶ 自分なりの考えと責任を持つ

　法令やマニュアルに書かれたとおり、上司に言われたことだけをして、自分では何も考えない姿勢では地域の人々からの信頼は得られませんし、恐らく働きがいもあまり感じられません。

　そもそも産業振興施策は、そのような仕事の仕方でこなせることは、ほとんどないと考えたほうがよいでしょう。

　法令やマニュアルは過去に作られた大枠の決まりごとであって、日々変化していく状況に応じて全てを網羅できるものではありません。上司は経験・知識・能力があったとしても、担当職員よりも広い分野を扱っているので、大局的な理解はできても細かな状況までを全て把握し、判断できるわけではありません。皆さんの担当事業について、現場の状況を誰よりも理解できる人は、皆さん自身です。

　イベントを実施するならば地域の産業振興として有益なことは何なのか。補助金の対象に支店は含まないと解釈したらどんな影響が考えられるか、表彰の対象に改良した商品を含まないと解釈したらどんな影響が考えられるか。このように地域産業の実態に即し、かつ、法令や自治体の方針に照らし合わせてどうするのがいいのか、現場に最も近く、細かい規定や運用の実態を知っているからこそ、先を見越した現実的な考えと動きができる立場にいるのが担当職員です。「自分で考えるのが好き」と言えるくらいの「主体性」を持ち、上司や地域の人に言われなくても必要なことを自ら見つけて動けるのが理想です。

▶▶ 自分なりの考えを持つには勉強と経験が必要

　「担当職員として自分なりの考えを持て」と言われても、そのような環境に慣れていない方は自信が持てず、どうしたらいいのかわからないかもしれません。

　必要なのは、勉強と経験です。

　イベントの企画であれば、日常的に地域の企業と接する中で、どのような声があり、どのようなことに困っていて、どのようなことに挑戦し

たいと考えているのか、そんな情報を集めていれば企画の参考にできます。あるいは、ニュースなどで取り挙げられるほかの地域での先行事例をチェックしていれば、それも転用できるかもしれません。

業務の中で企業と話をしたことで、実は地域内で重要な存在となっている有名な企業が本社は地域外であるのを知ることができれば、補助金の対象に支店を含まないとした場合に、それが問題視されるかもしれないことを理解したうえで方針を決められます。表彰の対象に改良した商品を含めないとした場合に、改良した商品がその改良点ゆえに大人気商品になっていたり、逆に改良した商品を含めるとした場合に、懸案の商品のほかに他者の商品で改良商品が大量にあって混乱が生じるおそれがあったりすることを知っていれば、どちらかを選んだときのメリット・デメリットがわかります。

勉強や経験を積み重ねたうえで担当事業の目的に沿って、どうするのがいいと考えるか、根拠をもって上司に提案し、判断を仰ぐことが、担当職員として責任を持って主体的に仕事をするということです。

【勉強・経験の例】

・窓口で現場の人の声を聞く
・ニュースで先行事例をチェックする
・これまでの同様ケースの情報を集める
・対象商品・企業の背景情報を収集する

▶▶企業の自立化と職員の主体性との関係

産業振興は地域の企業が公金に依存するのではなく、本来の民間企業らしく自らの力で持続的に経営していけるようにすることです。

そこで、この「企業の自立化」と、担当職員が「主体的に自分の意見を示す」ということとの間で板挟みになって悩むことがあります。

例えば、企業が実施しようと考えているイベントの内容を提示してきたときに、社会情勢や地域のほかの状況などを見ている担当職員として、

提示された内容に疑問を感じることがあるかもしれません。このような場合にも主体的に自分の考えを主張するとすれば、それは企業の自立化を妨げるものにならないかという心配が生じます。

これは簡単には答えにくい非常に難しい問題です。ただ、自立化を理由に担当職員は何も考えず何も意見を言わず、傍観しているだけという姿勢は、無責任と捉えられかねないので注意してください。

上から目線のような言い方かもしれませんが、企業の自立化を促すのは子育てのような面があります。子どもの自主性を重んじるのには、余計な口出し・手出しはしない一方、力を伸ばしたり致命的な事故を避けたりするために必要な助言や手助けまで控えることではありません。そのことを基準に、関わり方を考えてみましょう。

先ほどのケースでは、類似イベントですでに失敗事例があり、失敗が目に見えている、などの場合に助言をするのはよいでしょう。

ケース・バイ・ケースで関わり方を工夫していくしかありません。

▶▶ 自分の意見を振りかざして無駄に敵をつくらない

皆さんと企業も立場が違いますが、産業振興担当の業務は民間企業に近い感覚で動くためか、庁内のほかの部署とも意見が合わないことが起こりがちです。それでも、相手に面と向かっての批判や意見の押し通しはもちろん、本人がいないところで悪口雑言を吐くことも、やらないようにしましょう。

自分の意見が絶対に正しいということはあり得ません。担当事業や自治体の産業振興という業務が、最も重視されねばならない全ての中心ではないのです。たとえ相手の意見が間違っていても、必要以上に批判するのは相手の心象を害するだけで得られるものはありません。完全に敵視されたら、後で損をするのは皆さん自身です。

主体的に自分の意見をもって冷静な議論をするのは必要ですが、毒を吐き散らして無駄に敵をつくるのは賢い仕事の仕方ではないので、くれぐれも気を付けましょう。

◎…ケーススタディ①
1社のみの要望に
どこまで応じるか

あなたは市役所の産業振興部署で創業支援を担当しています。

　ある日、あなたが担当として実施した創業セミナーの受講者Aさんからあなた宛てに電話がありました。Aさんは前職の仕事に限界を感じたこともあり、前から関心があったおもちゃの企画・販売で創業したばかりで、まだ目立った実績はありません。熱意に満ちたAさんは、次のようなことを言ってきました。

「新商品を開発したので、そのPR用の画像を撮影したい。雰囲気のある撮影場所を探していたところ、デザイン性の高い建物でもある市の学習センターが適していると思ったので、そこで撮影させてほしい。

　また、新商品発売のPRに自治体としても協力してほしい。市の広報紙に掲載してもらえないか。

　この新商品は、子どもの創造性を育むのに役立つ今までなかったおもちゃで、地域でも有名な企業であるB社と共同開発した。

　そのおもちゃを地域の子どもたちにも体験してほしいので、地域内の保育園に寄付しようとも思っている。

　ところで、これからも新商品を開発し、販売していきたいが、それには経費がかかり、1人で創業したばかりの自分には負担が大きすぎる。市役所には新商品開発を対象とした補助金がないので、新たに補助金を設けてもらえると、とても助かる。」

　このようなことを言ってきたAさんに対して、あなたはどう応え、何をしますか?

▶▶ 自分だけで判断せず職場の文化を尊重する

　細かい論点に入る前に、最も重要なことがあります。

　法令などに規定されていないことがほとんどである産業振興担当の業務には、どのような方針で臨むかという明確な決まりがあまりありません。しかし、何の方針も全くないということでもありません。重要なのは、自治体の文化によって、あるいは担当部署の管理職などの責任者の価値観によって、方針が異なるということです。

　ここに挙げたものを含む様々なケースに対しても、Ａ市で推奨される取扱いがＢ市では不適切だとされることもあり得ます。簡単に分けると、攻めの姿勢で柔軟な対応をする文化と、守りの姿勢で厳格な対応をする文化があります。攻めは時に無秩序で不公正になるおそれがあり、守りは時に形式的で非効率になるおそれがあります。

　大事なのは、皆さんの部署に今までどのような文化が育まれてきていて、皆さんの上司が日々の判断をどのような姿勢で臨んでいるかを理解することです。柔軟さを求める職場で厳格さを重視しすぎると頭が固いと言われてしまう一方、厳格さを求める職場で柔軟さを主張しすぎるといい加減だと言われてしまうかもしれません。置かれた立場を理解して、それに応じた仕事の仕方をする必要があります。

　長い物に巻かれろということではありません。職場の文化を理解したうえで、賛成するか反対するかを自分で考えて臨むということです。

▶▶ 一企業に使える自治体の資産を考える

　今回のケースでのＡさんからの主な要望は、市の学習センターでの撮影と広報紙への掲載です。

　最大のポイントは、地域内の一企業であるＡさんからの要望に対してその自治体がどこまで応えるか、応えられるかです。地域の企業に寄り添って力になろうと徹するなら、地域内で創業したＡさんの要望には全て応えるべきだと思うかもしれませんが、事はそう簡単ではありません。

　地域にはＡさんのほかに何百、何千という企業があります。その中で、

なぜAさんの要望にだけ応えるのでしょうか。もしほかの企業からも同様の要望があったら、あるいは、これからあるとしたら、どうなるでしょう。地域内の全ての企業からの撮影要望に応じ、市の広報紙に宣伝記事を掲載できるでしょうか。そもそも一企業の宣伝のための撮影や記事掲載は民間企業の広告活動であって、自治体の資産を無料で使ってよいのでしょうか。

　これらの点を踏まえると、有料で対応するという方法もあります。学習センターでの撮影は撮影料を取り、広報紙への掲載は広告料を取るということです。実際、これらは一部の自治体では行われていることですが、それは産業振興というより歳入確保の要素が大きいかもしれません。また、どちらも自治体内でその仕組みが既に整備されていなければ、Aさんの要望だけを理由に新たに始めるのは難しいものです。また、創業したてのAさんには料金を支払う余裕もないかもしれません。

▶▶ 主体を自治体にする

　今回のケースで注目したいポイントは4点あります。

①市主催の創業セミナーの受講者である。
②新商品のPRのために広報紙への掲載を希望している。
③有名企業のB社と新商品の共同開発をした。
④保育園に新商品を寄付しようと思っている。

　肝はAさん自身の広報ではなく、②の新商品のPRをしたいということです。この目的を踏まえ（1）〜（4）のような方法が考えられます。

（1）市の創業セミナーの成果を広報するものとして、産業振興部署が主体となって市の学習センターで撮影して広報紙に記事を掲載し、その画像・記事をAさんが転用する。
（2）広報紙への掲載が規定やスケジュールの都合上で難しい場合は、市の公式ウェブサイトやSNSでPRする。

（3）実績のあるB社が若い創業者と共同で新商品開発をしたという切り口で、（1）と同様に産業振興部署が主体となって撮影・広報紙掲載をし、Aさんが転用する。

（4）主役を寄付を受ける保育園にして、地域から寄付された新商品で遊ぶ保育園児という切り口で広報紙に掲載する。

　実績のない一企業に過ぎないAさんに便宜を図る理由が難点なら、主体をAさんから別のものに変えれば可能になるかもしれません。

　ただ、市の学習センターでの撮影も保育園への寄付も広報紙や公式ウェブサイトなどへの掲載も、それぞれの所管部署の許可が必要です。そのため、所管部署を納得させられる説明をきちんとして、同意を得るための交渉はしなければなりません。このような場面が時折生じてくるからこそ、普段からほかの部署をむやみに敵に回してしまうと、肝心なときに通るものも通らなくなりかねないので気を付けましょう。

▶▶ 制度の新設はより現実的に広い視野で行う

　Aさんから要望があった新商品開発を対象とした補助金の新設については、どうでしょうか。一定の予算額を必要とする制度を、新たに始めるのは簡単なことではありません。現実には難しいと内心では思っても「それはできません」と身もふたもない回答をするのではなく、一企業のニーズとして受け止めることも大切です。逆に何の見込みもなく「やりましょう。任せてください」と安請け合いしてもいけません。

　一朝一夕にはできない大きなレベルの要望については、現状を説明したうえで、後ろ向きに見えないよう、どこまでならできそうかを伝えましょう。例えば、「自分も必要かと思いますが、予算もかかるので実現するには時間がかかります。どれくらいのニーズがあるかほかの企業にも調べて検討したいので、またお話を聞かせてください」などと答えます。

　制度の新設は一企業からの要望だけでは実現できません。冷たく突っぱねるのではなく、本当にしたいこと・できることを話しましょう。

6 ◎…ケーススタディ②
企業に行動を求めるか
担当職員がやるか

あなたは市役所の産業振興部署で地域の商工業者によるイベント支援を担当しています。商工業者が共同して地域内でイベントを行う際の経費の補助金を主に担当し、その補助対象は資産形成につながる備品購入などを除き、かなり広範囲の経費を認められる柔軟なものです。

例年この補助金を活用している「産業まつり実行委員会」は、地域でも発言力のある商工業者が有志でメンバーになっており、あなたも事務局として参加しています。歴代にわたって事務局は定例会議の資料準備から司会進行、議事録作成までこなし、告知チラシや会場展示パネルの作成など様々な準備作業や当日の運営事務のほとんども担ってきました。

もう10年以上も行ってきた「産業まつり」は市内の中央公園での物販やステージでのイベントが恒例になっていますが、内容や出店者はマンネリ化して客足も落ち、庁内外から費用対効果も含めた課題が指摘され始めています。一方で、「産業まつり実行委員会」に参加していない商工業者が独自に集まって始めた別のイベント「まちのマルシェ」が、斬新なデザインやSNSを活用した広告宣伝、人気店舗の出店や個性的なプログラムなどで評判になっているようです。

ある日、次回の産業まつりについて検討する会議の場で、複数のメンバーから「盛り上がりに欠けるから何とかしなければ」「予算が少ないから何もできない」などの声が挙がった末、「チラシやパネルのデザインがカタイし古臭い」とか「担当職員がもっと面白い企画を考えてくれ」などと言われてしまいました。

あなたは産業まつり実行委員会の要望に対し、どう応え、何をしますか?

▶▶ 地域のパワーバランスや政治を理解する

今回のケースに近い状況は、大なり小なり産業振興担当としてイベントなどに関わると経験することがあります。

まず気を付けたいのは、地域の関係者、つまり、企業や業界団体、首長などのパワーバランスと、関連する物事の経緯や影響力などの政治的な点がどうなっているかを押さえることです。そのような泥臭いことは首長や管理職が気にすることで、担当職員レベルが考えるものではないと思うかもしれませんが、担当職員にとっても、とても大事なことです。

今回のような地域の複数人が関わるケースでは主に２点を押さえることが必要になります。第１は、実行委員会のメンバーである発言力ある商工業者が、どのような力を持ち、どのような動きをするのか。第２は、長年行っている産業まつりが、どのような経緯で続き、地域でどのような位置づけになっているのか。これらを読み間違えて対応すると炎上します。

善意で何気なく発言しただけのつもりでも、主要メンバーが感情的になりやすい性格に加えて首長などに直訴しがちなタイプだと、地雷を踏んで思わぬ怒りを買い、本題の是非を超えたところで問題になりかねません。

また、イベントが有志の実行委員会主催で、自治体が補助する形式だとしても、経緯としては自治体が主導して地域に声を掛けて始まったものだったとすると、地域の人々は自治体職員が中心に行うイベントに商工業者が協力しているという認識かもしれません。この場合、安易に企業側の自主性を求めてしまうと、「自治体の事業に協力してやってるのに、その言い方は何だ」と不満を抱かれるおそれもあります。

地域の状況や担当事業の今までの経緯によって適切な言い方や動き方が異なってくるので、これらを忘れずに気を付けてください。

▶▶ 何もかもを引き受けない

地域の人々のために働くのが自治体職員、企業のために働くのが産業

振興担当だと考えて、とにかく要望に応えねばならないと真面目に積極的に働こうと思う方がいるかもしれません。積極的であることはよい心掛けですが、度が過ぎると、誰であれ言われたことは何でも引き受けてしまうことになります。

　しかし、産業振興担当の仕事は何でも屋ではありません。地域の企業が今まで以上に自立した経営をしていけるようにして、地域を元気にしていくことこそ大事です。自治体が何でもしてあげたら、企業の自立ではなく依存が進んでしまいます。

　経緯はどうあれ産業まつりは地域の企業のために行うもののはずであり、企業のためになることが何なのかは、企業自身が考えて工夫するのが筋です。今までが古臭かったならば、どこがどう悪くて、どのように変えたいのかまで考えるのが、企業のブランディングの姿勢として必要になります。今までが面白くなかったならば、企業にとって何が有益か、あるいは客が何を望んでいるか考えるのは企業の本来の仕事です。自治体の担当職員が全てを一手に引き受け、企画を考えて責任を取るべきものではありません。

　企画に限らずほかの事務に対しても、果たして全てを担当職員がやるべきことなのか考え直す必要があります。有志の商工業者によるイベントならば、それぞれが得意分野を活かしつつ、できることを分担していくほうが効率的・効果的かもしれません。

　何もかもを引き受けずに、地域の商工業者に「デザインを新しくするなら、どんなデザインがいいのか教えてほしい」「面白くするためには、どんなことがやりたいか希望やアイデアを聞かせてほしい」と聞き返すことをお勧めします。商工業者が自ら考えて決めたことであれば、それだけ本気で取り組みますし、成功すれば商工業者の達成感につながり、失敗しても学びになります。あえて少し手を出さず、自立的な行動を促すことも時には必要です。

▶▶ 冷たく突き放さずに提案する

　一方で自立を促すという名のもとに、頼まれたことを全てバッサリ断ってしまう職員が時々います。名目上は正しくても、そんな言動は産業振興担当としてふさわしいものとはいえません。企業の自立化とは、自治体が何もしないということとは違います。

　単に突き放すのではなく自立できるように手助けすることこそ、皆さんの仕事です。今回のケースで注目したいポイントがいくつかあります。

①イベントの補助対象は広範囲の経費に及ぶ。
②別のイベント「まちのマルシェ」が人気になっている。
③「まちのマルシェ」は広告宣伝や人気店舗の出店が好評である。
④予算が少ない。

これらの切り口を活用すれば、次のような方法も考えられます。

（1）補助対象にデザインや企画補助の外注費も含まれるならば、補助金でプロにデザインや企画の提案・運営も依頼できるのを伝える。
（2）「まちのマルシェ」の運営団体と連携したいか聞いてみる。
（3）産業まつりでも SNS や新店舗の勧誘を提案する。
（4）予算を増やすために各メンバーが参加費の負担や増額をしてでも経費を掛けたいか聞いてみる。

　何もかもを自治体が引き受けはしないとしても、何もかもを商工業者に自分たちだけで考えて取り組むように求めるのは、実態上無理があります。それぞれの現実を踏まえて、何ができそうで、それには何が必要か、整理した情報を提示しましょう。その際、自治体として何かを強制したり勝手に決めたりするのではなく、あくまで地域の商工業者の希望に沿い、やるかやらないか決めるのは商工業者自身であることを明確にすることが必要です。それが自立化を図るということです。

◎…ケーススタディ③
広報のタイミング をどうするか

あなたは市役所の産業振興部署で、優れた取組みをしている企業を認定してPRする事業を担当することになりました。この認定事業は地域の金融機関と連携して来年度から始めるもので、まだ十分に認知されておらず、対象となる企業が応募してくれるか不安があります。また、認定によって企業や地域の魅力をPRする事業なので、応募する企業だけでなく住民をはじめ世間一般にも認定事業が注目されてほしいと考えています。

この認定事業はおおまかな内容だけが決まっていて、詳細な要件や手続きはこれから考えなければなりません。準備ができ次第、来年度の6月までに募集して審査のうえ、来年度末までに認定する予定です。

広報のための予算としては、チラシを作る経費のみ用意されています。そのほか、あなたが属する自治体には、新聞折込みの広報紙、産業振興施策全般を周知するためのパンフレット、公式のウェブサイトとSNSがあります。

あなたは、いつ、何をしますか？

▶▶ タイミング1　実施前の広報

施策やイベントの広報をするタイミングは、主に3種類あります。

第1のタイミングが実施前です。今回のケースでは、認定の募集を始めるまでが実施前のタイミングとなります。実施前でも、その中で細かく時期は分かれてくるので、タイミングは1回だけではありません。

前年度からの準備段階にある今回のケースの場合、次のようないくつかのタイミングが考えられます。

①自治体の来年度予算案（議決前）の内容を広報するタイミング
②自治体の来年度予算（議決後）の内容を広報するタイミング
③自治体の当年度実施予定事業を広報するタイミング
④認定事業の募集を開始するタイミング

①・②は前年度のうち、③・④は当年度に入ってからとなります。

自治体は全庁的な予算の内容について、①～③の決まった時期にプレスリリースをしたり広報紙に掲載したりするのが一般的です。この中で広報ができると早い段階から周知できますし、事業単体の広報と違って大手メディアなどの目にも止まりやすくなります。

難点は、予算全体の中で広報する場合には、多くの事業の中に埋もれてしまう可能性があることです。担当事業よりも首長が力を入れていたり予算額が大きかったりして注目度が高いものが別にあると、それ以外の事業は広報をしても取り上げられない可能性があります。

▶▶▶ 実施前に広報するためには早めの準備が重要

実施前の早い段階で広報するには、その時点までに広報するに足るだけの情報が準備できているかという問題があります。事業の目的や予算額は決まっていても、認定要件や認定に伴うメリットなどの詳細が未定だと、広報をしても具体的イメージがしづらいので効果は限定的です。また、チラシを外注で印刷するには、印刷仕様の決定、見積もり、契約手続き、原稿作成、入稿、校正、納品までの期間が必要になります。

募集を開始するタイミングをいつにするかは、そのための準備が整うタイミングと募集締切りまでにどれくらいの期間を設けるかの2点が肝です。順序として、「情報が行きわたって企業に認知される」→「企業が内容を理解する」→「企業が応募することを決める」→「企業が応募のための書類を準備する」という一連の流れがあるので、これに要する

期間を十分に確保しなければなりません。少なくとも1か月以上は必要です。イベントの広報の場合、集客力があって当日参加もできるものの告知であれば2週間前くらいでも大丈夫でしょう。いずれにしろ1週間前に初めて告知するというタイミングは、かなり無理があります。

　早くできるに越したことはありませんが、それには広報する情報の内容自体をどれだけ早く決定できるかにかかってきます。広報をしたいタイミングから逆算して、準備事務を計画的に進めることがとても重要です。

▶▶ タイミング2　実施中の広報

　第2のタイミングが、実施中です。今回のケースでは、認定の募集開始後から募集締切りまでの間となります。

　募集を開始したら広報は一段落とは限りません。知ってほしい人に本当に届いているか、応募をしてもらえるかはわからないからです。

　応募状況を随時把握して、芳しくなければ二の矢を放つ必要があります。募集を始めていても、応募書類を漫然と受け取るだけで全体の数を把握せず応募が少ないまま停滞していることを理解していなかったり、理解していてもそれを関係者と共有していなかったりすると危険です。締切り間際になって初めて応募が1件しかないのに気がついても、そこからできる対応には限度があります。十分な手を打つには早めに状況を把握して、上司や関係者に相談しましょう。

　チラシを増刷して配布する、SNSで改めて周知する、応募してくれそうな企業に連絡するなど、できることをするための期間が必要です。

▶▶ タイミング3　実施後の広報

　第3のタイミングが実施後です。今回のケースでは、認定の募集締切り後となります。

　このタイミングで広報する目的は募集の確保ではなく、施策の効果や、（翌年度も同様の事業を実施予定の場合の）翌年度に向けた告知です。

　どれくらいの応募があったか、認定された企業にどのようなメリット

があったか、企業側はどのような感想を持っているか、それらが全体としてどのような統計に表れているか、それらの情報を告知します。

　締切り後の広報だからといっても、いつでもいいというわけではありません。ニュースの価値を考えるならば、締切り直後や認定企業の中でも目立った成果が出た時点、あるいは年度末などの事業全体が完全に終了した時点が効果的です。せっかく目を引く成果が出たとしても、広報を後回しにしているうちにタイミングを逸し、1か月以上も経過してから古い情報を流すのでは注目はされにくいでしょう。

▶▶▶チャンスを見逃さない

　広報のタイミングに「この一瞬」という一律の正答はなく、それぞれのケースや自治体の状況によって千差万別です。広報紙、公式ウェブサイトやSNS、紙のチラシやポスター、プレスリリースによる広報などが定番だとしても、それらをいつ、どこに向けて発信するかは担当職員の裁量で決まり、その判断に効果は左右されます。

　今回のケースでいえば、次のような方法も考えられます。

（1）地域の金融機関と連携しているので、金融機関を通して広報する。
（2）産業振興施策全般を紹介するパンフレットの発行までに間に合うように内容を決定して、パンフレットに詳細を掲載する。
（3）産業振興部署が関係しているイベントなどの会場で広報する。
（4）業務上で付き合いのある企業や同業者組合、商工会議所などを通して広報する。

　告知したい内容を誰に届けると効果的か常に考え、チャンスがないかアンテナを張っていましょう。多くの場合、広報紙や公式ウェブサイトだけで認知する人はあまりいません。自治体内の公共施設だけでなく、民間の事業所・店舗や関連団体、各種イベントなどで頼めそうなところがないか気を配ることが大切です。対象を地域内に限定していないイベントやプロモーションであれば、地域外への告知も大切になります。

6 | 8
◎…ケーススタディ④
企業のイベントや個人的な会に誘われたら

　あなたは市役所の産業振興部署で、地域の商工業者が行う販促イベントに対する補助金などを担当しています。補助金を交付した企業から感謝されたり、手続きが上手くいかず逆に迷惑を掛けてしまったりする日々の業務の中、少しずつ商工業者と顔見知りになってきました。来庁すると、声を掛けてくれて親しげに話してくれる人もいます。ある日、地域で精力的に活動しているA社の社長が来庁し、あなたを名指しで呼び出して、次のように言ってきました。

「今度の日曜日、駅前の商業施設に仲間とグループで出店して、物販やワークショップのイベントをやる。自分なりに力を入れていることなので見に来てほしい。地域内外で興味深い取組みをしている他社の社長たちも来るから、あなたを紹介したい。
　終了後には打上げの懇親会を施設内の居酒屋でやる。お酒を飲みながら、ざっくばらんに地域の産業や観光について意見交換をするから、あなたも来てくれたらうれしい」

　A社の社長は、あなたが担当する補助金の交付先の1つで、全国ニュースに取り上げられることもある個性的な活動をしています。あなたが補助金の手続きを間違えて入金がひどく遅れてしまった時には、怒らずに許してくれた優しい人でもあります。今回の日曜日のイベントには補助金は出しておらず、自治体としては関わっていません。
　懇親会に誘われている職員はあなただけのようです。あなたは会場の商業施設の近くに住み、お酒を飲むのも嫌いではありません。

　あなたは、社長の誘いをどうしますか？

▶▶ 自治体ごとの倫理基準の範囲内で行動する

　アルコールも含めた付き合いについては、世間一般の考え方だけでなく、自治体ごとの公務員倫理の基準を押さえる必要があります。

　好き嫌いや良し悪しを別とすれば、民間企業が関係者とお酒を飲んだりするのは特に変わったことではありません。しかし、公務員は違います。時折、国の官僚や自治体の幹部職員などへの接待や贈収賄がニュースになっているのは、皆さんも見たことがあるはずです。

　そのため、公務員の外部との付き合い方は、ある程度の制約が生じてきますが、そのような公務員倫理の細かい基準は全国一律ではなく、自治体ごとに地域性や文化、職場風土によって異なります。基準が厳しい自治体では、外部の人とアルコールを伴う飲食などの付き合いをすることにかなり否定的なところもある一方、便宜提供をするなどの違法・不公正な行為を伴わないのであれば、柔軟に認めているところもあります。地方の小さな自治体の場合、勤務している職員も外部の人もほとんどが生まれた時からその地域で暮らしている幼馴染みや隣近所の知り合いということも多いものです。そのように入庁前から濃密な人間関係がある地域で、あまり厳しいことを言い過ぎても実態とかけ離れてしまいます。

　どちらがよいか悪いかではなく、皆さんが勤務している自治体には、どのような基準や文化があるのかを把握してください。厳しい基準の自治体内で1人だけ勝手に柔軟に動くと処分されかねません。逆に柔軟な自治体内で1人だけ生真面目に身構えていると浮き上がるばかりです。庁内で定められた基準や周りの職員の振る舞いを見たうえで、最低限やってはいけないことは何なのかを理解しておきましょう。

▶▶ コミュニケーションは積極的に取る

　実は今回のケースのような状況はとても貴重なチャンスでもあります。有名企業のA社の活動状況の現場を見ることができます。そして、A社の社長をはじめとする地域内外のほかの企業と知り合うことができ、アルコールが入ると多くの人はよりオープンになるので、普段の仕

事上のやりとりだけでは知れない本音を聞ける可能性があります。

　皆さんの中には、人間関係やお喋りが得意ではなくて地道な事務作業をしたいと思っている方もいるかもしれません。そのような方には、外部の人、しかも地域の有力者と付き合うのは気が引けるでしょうし、一般的にコミュニケーションが嫌いじゃない人でも、仕事上の関係者に誘われたらどうするかは迷うところです。

　また、休日や夜間は勤務時間外なので、家庭の用事があったり、やりたい趣味があったり、ゆっくり心身を休めたかったりもするでしょう。

　ですが、状況が許す限り、イベントを見に行って懇親会にも参加することをお勧めします。またイベントで販売されている商品やワークショップに興味が持てれば購入したり自分もワークショップに参加したりすると、なおよしです。イベントや懇親会の場では積極的に声を出し、周囲の人同士の会話にも耳を傾けましょう。皆さんが普段から仕事上で疑問に思っていることや取り組もうと企画中のことがあれば、それらをぶつけてみて意見を引き出せれば最高です。

▶▶▶仕事かプライベートか

　直接に自治体の事業ではないイベントなどの現場視察、しかも本来は勤務時間外の休日に行うものを職務扱いとするかは、自治体や管理職の姿勢によって異なります。職務扱いにしてもらえるに越したことはありませんが、仮にそれが認められなくても、皆さんのプライベートに支障が生じない範囲であれば、参加してみましょう。

　遠距離通勤だと難しいですが、自宅が近ければ自分の趣味や家族サービスの延長でイベントに遊びに行くのもいいかもしれません。職員が子連れで現れるのも、地域の人はとても喜んでくれたりします。

　産業振興担当の業務は、一所懸命に取り組もうとすればするほどときに職務と私用の境目が曖昧になりがちです。その境界線をどこに置くかという唯一絶対の正解はありません。

　例えば、地域の企業と顔見知りになってくると、SNSの個人アカウントに企業の経営者などから友達申請が来ることもあります。これを承

認するかは人それぞれです。職員の中にはプライベートのアカウントと
別に仕事専用のアカウントを持っている人もいます。

　自分に合ったコミュニケーションをしつつ、少しだけ前に踏み出して
みることをお勧めします。でも、無理に付き合う必要はありません。

▶▶ 一線は越えず・越えさせず、仕事に役立てる

　地域の企業と仲良くなることは、いいことです。大いにコミュニケー
ションを取って人脈を広げていければ、可能性は広がります。

　ただし、それには良識の範囲を押さえることが最低条件です。

　イベントに行って出店者の商品を自らの意思で買ったりするのは問題
ありません。しかし、勢い余って出店者側の店員同然になって一緒に商
品を販売するのは、やりすぎです。また、懇親会の場でアルコールが入
ると気が緩みがちになります。冷静な判断力を失い、入札などに利用さ
れる内部情報を洩らしてしまったり、そこまでいかないとしても礼儀を
失するような批判を口にしてしまったりしたら大変です。仕事上の関係
者とのもめごとは、たとえ休日夜間の出来事でも本来業務に影響します。

　またハラスメントにも注意が必要です。地域の人の大半は良識ある人
たちですが、悪意の有無にかかわらず間違ったことをしてしまう人が絶
対にいないとまではいえません。アルコールを伴う場では、普段以上に
差別的な言動が起こりやすくなります。皆さんが被害者、また、加害者
にもならないようにしましょう。難しい状況になったら、迷わず上司や
先輩職員などほかの人を頼ってください。

　皆さんが地域の企業の人々とコミュニケーションを取るのは、プライ
ベートの友達になるためでも、ハラスメントの餌食になるためでもあり
ません。産業振興担当として、よりよい仕事をするためです。現場に行っ
て交流することで自分の仕事のために何を持ち帰るか、それを考えて発
言し、行動することを心がけましょう。

6│9 ◎…ケーススタディ⑤
相手を怒らせたら どうするか

> あなたは市役所の産業振興部署で、販促イベントを行う企業や商店街などのグループに交付する補助金の担当です。この補助金の基準は10年以上前に策定された要綱でAからCまでの3区分のイベントを対象と定めています。その大まかな考え方は公表されていますが、運用上の詳細な取扱いは歴代の担当職員のマニュアルにだけ記載され、それに基づいて事務を進めるのが慣例です。
>
> 約1か月前、D社の社長が補助金について知りたいと来庁し、あなたが対応してきました。社長は4か月後に予定しているイベントのために補助金を使いたい様子で熱心に企画の中身を話し、あなたは補助金の概要や必要な申請書類の手続きを説明しました。その後、電子メールでのやりとりを続け、申請書類を送ってもらうと、要綱上の3区分のBに該当すると社長が簡単に記載しているD社のイベントは、マニュアルに記載された区分Bの内容に合致していないようでした。そこで、「そのようなイベントは該当しないことになっているので、補助できないかもしれません」とあなたが社長に電子メールを送りました。
>
> 数日後、あなた宛てに社長から電話があり、「納得いかない！」と怒られ、「上司と直接話をさせろ」と言われました。
>
> D社は地域では歴史のある有名な企業です。社長は商工会議所の役員も務め、時折、来庁して上司と話しているのを見たことがありますが、あなたにとっては今回の対応で初めて話すようになった人です。

あなたは、怒っているD社の社長にどう対応しますか。

▶▶ 慌てず、しっかり聴く

　誰であれ、怒られると慌てます。予想もしていないときに突然、大声で怒鳴られたり、睨みつけられたり、口を挟む間もないくらい立て続けに激しい言葉を投げ掛けられると身体が固くなり頭が熱くなります。だからといって、瞬間的に謝ったり言い訳をしたりするのはNGです。

　相手が何に怒っていて、問題のポイントがどこにあるのか、あなたに非があるのか否かわからないまま、その場しのぎの対応をしようとすると余計に怒らせかねません。あなたや自治体に全く非がないことについて謝ってしまうと、後で取り返しがつかなくなります。言い訳をしても、それが単なる自己正当化にしか聞こえず、相手の不満を解消できるものでなければ、これもあまり意味はありません。自分の感情や動揺をぐっと抑えて、怒っている相手の話を聴いてください。

　ちなみに、どんなに優秀な職員でも怒られることはあります。怒らせた理由によっては反省も必要ですが、むやみに自分だけを責めすぎないようにしましょう。

▶▶ 怒りの理由を理解する

　今回のケースの場合、最終的には補助の可否が問題になりますが、怒っている理由を細かく掘り下げれば、次のようなことが考えられます。

①最初の相談から既に1か月が経過して長期間にわたっている。
②イベントを3か月後に予定していて実施時期が迫っている。
③電子メールでのやりとりを続けている。
④該当すると言われていた区分に該当しない可能性がある。
⑤「該当しないことになっている」とだけ説明している。

　①・②は時間がかかっているという問題です。イベントの準備を考えれば、補助の可否が早めにわからないと資金の工面や実施に踏み切るか自体に影響します。該当しない可能性があるなら、もっと早く言ってほ

しかったということを怒っているのかもしれません。

　③は接遇の問題です。役所のわかりづらい書類や説明を電子メールだけでやりとりしていると、互いの意図が十分伝わらないことがあります。特に地域の人々は対面のやりとりを好む傾向もあり、対応が事務的に過ぎると中身そのものよりも、その接遇の仕方自体が失礼で親切さに欠けると怒らせることがあります。

　④は話の中心であり、補助の対象にならない可能性自体の問題です。

　⑤は該当しない理由の問題です。該当しないことは仕方ないとしても、その理由を説明してもらえていないと怒っているのかもしれません。

　何に怒っているかで必要な対応は変わります。思い込みをせずに聴き、怒りの理由を見極めてください。

▶▶▶ じっくり遅れずに対処する

　具体的な対処のほかに、対処するまでの時間も重要です。

　すぐに解消できる問題であれば早いに越したことはありませんが、それ以外の場合は一定の時間をあけたほうがよい場合もあります。

　怒るという行為はとても感情的なものです。ある意味では理屈が通らないおそれもあります。どちらが正しいとしても、そんな合理的な話とは別次元で相手の腹の虫が収まらないと事態は解決しません。

　それには、お互いの頭が冷静になる必要があります。怒って頭に血が上っている社長も、怒られて慌ててしまっているあなたも、少し冷静さに欠ける状態になっているかもしれません。電話を1回切られた後、数分と経たないうちに掛け直しても冷静に話はできないでしょう。

　大事なのは、怒りの原因となっている問題を解決することであり、そのための検討や準備をきちんとしてから臨むことが必要となります。

　もちろん対処が遅すぎるのは論外です。時間を置きすぎると、それもまた怒りを増幅させる原因になります。

　じっくり考えたり調べたりしつつ、遅れないように対処しましょう。

　また、怒らせた場合は必ず上司に報告し、相談してください。自分だけで判断するのは危険です。相手によっては、あなたを見限って上司や

首長に直接電話して苦情を言ってくるかもしれません。その際に上司が事実を知らないと、今度は上司からも怒られることになります。

▶▶ 頭を柔軟にして最終ゴールを目指す

このケースの場合、次のような対処法が考えられます。

①・②の時間的な遅れについては真摯に謝罪し、補助金交付の可否の判断や手続きを迅速に進めます。通常の処理期間では間に合わない場合、上司に相談して優先的に決裁手続きなどをしてもらえるようにします。

③の接遇は、誠実な態度を見せるために、今後は先方のD社に出向いて説明するように努めます。ただし、出向くのは相手によっては自社内を見られるのを嫌がることもあるので注意してください。それでも、わざわざ出向こうとする姿勢を示すだけでも悪くは取られないものです。口下手な人は対面で話すのは気が引けるかもしれませんが、何もかも電子メールのやりとりで済ませようとするのは誤解と失敗の元なので、あまりお勧めしません。今回のケースでは社長とは初対面でしたが、既に知り合いになっていると、このように怒られる可能性は減ります。そのためにも普段からの付き合いは大切です。

④は該当する方向にできるか検討することです。D社の取組みが一般的に考えて補助するに値する内容ならば、できるだけ補助するのが筋です。マニュアルはあくまで担当職員レベルの内規なので、要綱に違反していなければ所管の責任者の決裁を得て一定の幅で認めることも可能です。また、3区分のBではなく、AやCに該当する可能性もあります。実務でも、Bを希望してきた申請者の話を聞いてみたら、Bには該当しないがAに該当することがわかったという実例もあります。

⑤は該当しない理由を明確に説明することです。「決まっている」「今までそうしている」などの説明ではいけません。どのような理由で該当しないのかを説明するのが担当職員の務めです。これを説明できるようにするためには、担当事業の目的や今までの経緯を知っている必要があります。

COLUMN・6

つい「いいモノ」を買ってしまう……。

いつの間にか「いいモノ」に囲まれた生活に

　工業振興を担当していると地域の産品の技術やこだわりを知ることができます。そのうえ、企業の人の顔もわかって親近感も湧きます。

　すると、「いいモノ」が欲しくなります。

　付き合いで買ってタンスの肥やしにするのではなく、純粋に「いいモノ」だと本心で思うからこそ欲しくなるのです。

　国産牛革のビジネスリュック、動態裁断のドレスシャツ、江戸小紋のネクタイ、縞黒檀の七角箸、アルミ切削技術によるアロマピンズなどなど、挙げ始めたらきりがないくらい色々買いました。審美眼が養われたのか暴走し始めたのか、今や自分が勤める墨田区産でなくても「いいモノ」に出会うと財布の紐が緩んでしまいます。

　ふと自宅を見回した時、本当に「いいモノ」に囲まれた豊かな生活になっていたのは、この職場で得た収穫の1つかもしれません。

「いいモノ」の営業はプライベートでも

　地域の産品を買うのは、何も自分のためだけではありません。家族や友人、知人への贈り物も、この職場に来てから地域の産品を選ぶのがすっかり定番になりました。

　妻にメリヤスの室内履きやガラスペン、久しぶりに会う友人に漆塗りのコースター、結婚した知人に日本の伝統色のハンカチ、就職が決まった知人に皮革製品のお手入れ用ローション。職場の後輩たちには地域の和菓子屋やケーキ屋のお菓子を時々配ります。まあ、これは甘い物好きの自分が食べたいからという理由もありますが。

　「いいモノ」を知ると、ほかの人にも伝えたくなります。わかち合いたくなります。こうして、プライベートでも地域の「いいモノ」の営業を勝手に続けています。

第 7 章

産業振興担当として、さらに一歩前へ進む

産業振興担当として、法令や今までの運用の枠組みの中で精一杯働き、問題が起きないようにすることは大事です。しかし、それだけで満足せず、さらに一歩前へ進むために必要なことについて、本章で取り上げます。配属2年目以降にこそ意識してほしい、いわば上級編です。

7｜1 ◎…前例踏襲せずに 「見直す」

▶▶ 疑問・要望を放置しない

　皆さんは仕事の中で、疑問に思うことはありませんか。「効果を上げるためにもっとお金を掛けられないのか？」逆に「お金を掛けすぎで減らせないか？」「もっとやりやすい方法に変えられないか？」ふと思うことは大なり小なり誰にでもあるはずです。しかし、目の前の仕事に気を取られているうち、これらの疑問には手を付けないままになることがあります。

　あるいは、仕事の中で要望を受けることもあるかもしれません。「今の予算額ではやりたいことができないから金額を増やしてほしい」「こんなレベルの委託内容にお金を掛けすぎてないか」「手続きの書類が煩雑だから簡単にしてほしい」地域の企業の人などと話すたび、ちょっとした要望や不満を聞かされることがあります。その場では真剣に聞くものの、すぐに対応できないことは、これも手を付けないままになりがちです。

　これらの疑問や要望を放置せず「見直し」に取り組もうとする意思と行動、それが皆さんの仕事を一歩前へ進めます。

▶▶ 予算額の増減を伴う見直し

　見直しの仕方には大きく分けて2つあります。予算額の増減を伴う見直しと予算額に影響しない見直しです。

　予算額が増えてしまう場合、自治体の財政負担としては増額が明らかにデメリットになります。そのため、増額分に見合うだけのメリットを示せなければ実現できません。補助金の対象を広くする見直しで予算額

が増えるならば、それが効果の薄いバラマキにはならず地域の産業にとって効果的なものだと上司や財政担当部署を納得させる必要があります。

　一方、予算額を減らせる場合、財政負担としては減額がメリットになりますが、これまで恩恵を受けていた関係者にとってはデメリットです。そのデメリットに勝る別のメリットや優先順位の高い大義などを示す必要があります。長年にわたり複数の企業が活用している補助金を減額するならば、その減額分でほかの事業を拡充したり、今の補助金の使途では地域の理解が得られないことを説明したりする必要があります。

　予算額の増減を伴う見直しは簡単ではありません。増額はもちろん、減額もまた自治体として後退しているように見せたくないという事情や既得権者の存在などからハードルは高くなりがちです。簡単ではありませんが、だからこそ挑む価値があるともいえます。

▶ ▶ 予算額に影響しない見直し

　予算額に影響しない見直しでも何らかのメリットやデメリットは生じます。手続きに要する書類の変更は予算額に影響しませんが、記載項目を増やすのは提出者にとって手間がかかるのでデメリットです。逆に必要な記載項目を減らすのは提出者にとってメリットですが、自治体にとっては必要な情報が得られなくなるデメリットがあるかもしれません。

　見直しに取り組もうとするときは、デメリットやどんな反対意見が出そうかを考えます。合法的に長く特定企業に外注していた契約を見直し、より公正にするために入札にしようとする場合、今まで落札していた企業は反対するかもしれません。今までの企業は長年やってきたからこそ契約の仕様にないことも柔軟に対応してくれていたのなら、入札にした後に他社が同様にしてくれる保証はありません。

　デメリットや反対が予想されたら見直すのを諦めるのではなく、メリットとデメリットのバランスを変える方法を考えます。今の契約で実施していることのうち、絶対必須の内容は何かを見極めて仕様書に明文化して予算額の範囲内でやれる企業を探し、他社が見つかれば解決しますし、いなければ今の企業が公正に落札するでしょう。

見直しの目的を果たすことを維持しつつ、そのメリットの最大化とデメリットの最小化を図ることで、実現の可能性は高まります。

▶▶ 手法を変えてみる

見直しを実現するためには、手法を変えてみるという手もあります。

例えば補助金の支出額を抑えたい場合、補助金の上限額を下げるのがわかりやすい方法ですが、上限額で活用している利用者が多いと見直しへの抵抗は強くなります。

これを上限額の一律減額ではなく補助の対象経費を変更し、世間的に納得が得られにくいスタッフの弁当や飲み物などの飲食代を対象外にし、専門家を雇用する人件費を対象とするように改めると支出総額が減ることも考えられます。

既得権者には使いにくくなるのは変わらないので抵抗もあるでしょうが、一方的な削減には見えません。新たに対象に認められた経費を利用したい人にとっては、より使いやすく見直すともいえるかもしれません。

ただ、見直しの目的を見失わないように注意してください。納得してもらうために手法を変えることで、地域のニーズにも自治体としての必要性にも合わないものにしてしまっては見直す意味がありません。その見直しによってどのようなゴールに近づけたいかを押さえたうえで、より現実的な手法を見付け出すのが担当職員の腕の見せ所です。

▶▶ 目立ちすぎないようにする

見直し内容の工夫とは異なる、「見た目」の工夫についてもお伝えします。

何であれ見直しは現状からの変更なので、これを嫌がり、抵抗してくる人がいることが普通です。これを説得するのにも、それなりの労力や時間を必要とします。いくら普段から疑問を持っていたとしても、色々な見直しを五月雨式に提案するのは、煩雑になるばかりなのでお勧めできません。影響の大きい見直しは別として、小さな見直しは他の見直し

とまとめて行うほうが事務量も抵抗感も少なくて済みます。

　例えば、要綱で規定されている必要書類の様式を変更したいと考えたとき、単にそれだけのために要綱改正をすることを上司に提案してもおそらく認められません。しかし、別件で要綱の本質的な部分である認定要件や補助金額などを変更する際、あわせてこれら手続きの様式の変更も入れ込む分には通りやすくなります。

　ただ、影響が大きい見直しにもかかわらず、それを上司に明らかにせず隠蔽したままで手続きを進めようとするのは不適切なやり方です。そのようなことはやらないでください。あえて必要以上に目立たせない程度が、現実的な工夫です。

▶▶▶ 見直せることは無数にある

　見直しというものを、条例を改正するくらいのレベルで考えてしまうと自分にできるだろうかと腰が引けてしまうかもしれません。しかし、実務で見直しに値することとは、そんな大きなものより小さなもののほうが多く、それらが手つかずのまま残されていたり新たに生まれてきたりしています。担当する1つの事業だけでも、制度や運用などの中に見直せることは無数にあるといっても過言ではありません。

　それらを**見直せるかは、上司の判断以前に、担当職員がどれだけそれらに気付き、着手しようと踏み出し、考えを巡らすかで決まります。**

　セミナーの進め方や当日の配布資料、補助金の対象経費や書類の様式、イベント参加者の募集期間や募集先、パンフレットの文言や写真、施設の案内表示など、各種施策の中身だけではありません。企業や関係機関から周知を依頼されるチラシを来客の少ないカウンターに今まで無造作に置いていたのを、関心を持ってくれそうな人に直接配るようにするのも立派な見直しです。

　見直さなくても、大きな問題は起きないかもしれません。それでも、よりよくなる可能性があるならば、それらをあえて見直そうと踏み出せる職員こそが一歩先に進める職員です。

7／2 ◎…今までなかった 新たな事業を 「始める」

▶▶ ゼロからの新しさには抵抗感がある

　既存の事業を見直すのではなく、地域からの要望や皆さんの発案によって新たな事業を始めたいということもあります。これには見直しとは少し異なる状況があるので、それらへの配慮が必要です。

　継続性や安定性が重視される文化が行政組織には強いこともあって、新しいことはすんなりとは受け入れられません。「目新しい施策はないのか」と言う人は、いつでも庁内外にいます。しかし、いざ具体的な提案が出てくると、そこに今までにない斬新さがあればあるほど、抵抗感も増してしまうのは人間的な反応です。

　だから、やらないとかやれないとかではなく、そのような反応を基本的な前提としたうえで、どう攻略するかを考えます。

　基本的な事務手順として、皆さんの自治体の翌年度予算の要求時期を踏まえて準備しなければなりません。事業の見直しや廃止は既に実績として積算・執行がされている予算があり、それに基づいて検討すれば足ります。しかし、新規事業にはそれらがありません。つまり、事業の目的や必要性、詳細な事業設計や経費内訳などもゼロから作る必要があり、まともに準備しようとすると、相当の時間がかかります。

　庁内の財政担当部署から翌年度予算要求の依頼が来てから提案準備を始めるのでは遅すぎると考えたほうがいいでしょう。新規事業を立ち上げたいと思ったなら、できるだけ早い段階から前倒しで予算積算などの準備を進めてください。年度当初の４月から始めたとしても、決して早すぎることはありません。

▶▶ 新規に立ち上げる必要性を考える

　ここで目線を少し戻して考えます。前述のとおり、全くゼロからの新規事業の立上げは簡単ではありません。

　そこで、検討してほしいことがあります。

　やりたいと考えている事業は、新規でないとできませんか。

　どこの自治体でも、規模はともかく複数の産業振興施策を行っているはずです。それら既存の事業の見直しによって、考えている内容は実現できないでしょうか。例えば新しい補助金を立ち上げたいと考えたとして、それは既存の補助金の対象拡大などでも対応できるかもしれません。

　事業の見直しとして実施するほうが実現しやすいこともあります。実現できる効果が同じなのであれば、地域の側にとって違いはないのでおそらく問題にされません。一般的には、既存事業の見直しのほうが新規事業の立上げよりも実現のハードルは低くなります。

　ただし、政治的な都合から首長や管理職などが「新しさ」を演出したい場合には、逆に新規事業としたほうが好まれることもあります。このように何らかの宣伝になる目玉を欲しているのであれば、あえて新しさを強調して大々的に扱い、キャッチーなネーミングなどをして売り込んだ方が喜ばれて実現しやすいこともあります。

▶▶ 大きな流れに合わせる

　新規事業はゼロから新たに立ち上げようとするものなので、その必要性についての説得力は既存事業より強く求められます。既存事業は少なくとも今まで実施してきて予算を付けてきている以上、相応のニーズと実績があったことは自明ですが、新規事業にはそれがないからです。

　やる意味があると考えるからこそ新規事業を立ち上げようとするわけですが、それはときには担当職員だけの個人の考え、悪くいえば、勝手な思い込みとしか上司や財政担当部署に受け取られないこともあります。

　これを避けるには、**立ち上げようとしている新規事業が、一職員の単**

なる思付きではなく、もっと大きな全庁的な方向性にきちんと合っているようにすることが大事です。本来、施策はそのような大きな方向性、例えば自治体の基本計画、予算の編成方針などに従って考えるのが筋でもありますが、逆に現場のニーズに基づいて施策を考えてから、それが全庁的な方向性にも当てはまるというふうに説明を加えるということも実務的には起こり得ます。

　例えば、地域の企業からの要望もあって販路開拓の補助金を新設したいと考えたとき、自治体の方向性として観光推進を掲げているタイミングであれば、観光客を取り込むための販路開拓という説明を加えることも可能です。移住促進を掲げているのであれば、地域外の人々に地域の魅力を知ってもらって移住のきっかけとするための地域産品のPRという説明をします。最終的には販路開拓の補助金になるのは同じでも、このように様々な流れのもとに説明することで、自治体にとってより必要性があるものと位置付けることができれば、予算は付きやすくなるでしょう。

　ありもしない目的について屁理屈をこねるということではなく、本当に求められている施策の実現のため、その効果を高めるということです。

▶▶ 味方づくりで新事業を進めやすくする

　産業振興施策は地域産業のために実施するものです。政策を立案して実行するのは担当職員だとしても、それは地域産業の関係者のためにならなければなりません。データを積み重ねたり理論を構築したりしても、地域産業の関係者がメリットを感じられなければダメです。

　既存施策の見直しは、既にその施策を活用している人がある程度いるはずなので、そこを改めて主張する必要はそれほどありませんが、新たに事業を始めるときは違います。本当に必要な事業なのかが問われますから、そこに信頼性が得られなければなりません。

　補助金ならば利用したいと思う人が必要です。イベントならば参加したいと思う人が必要です。このニーズが全くなければ、予算が付いても失敗してしまいます。

そのような心配がなく、間違いなく求められていると思ってもらうためには、その新しい事業に賛成してくれる味方をつくる必要があります。

新しい事業を企画し始めたら、その事業に関係しそうな人たち、興味を持ってくれそうな人たちに内々に打診し、意見を集めていきましょう。当初の段階で聞く色々な賛否両論の意見に合わせて、事業案の詳細を見直していき、「この新規事業を求めている人がいる」という素地を作っていきます。それが地域の有力者や多くの人の意見であるといえるところまで持っていければ、事業の実現性は一気に高まります。

▶▶▶ 財源を確保する

新規事業の内容がどんなものであれ、予算が必要です。質の高いものや規模の大きいものにしようとすればするほど、多額の予算が必要になります。そして、この予算がどの事業案にとっても実現のための共通のハードルです。

新規事業を企画するのは担当職員であり、その企画を予算案として要求することに決めるのは上司の管理職ですが、その後に予算案を査定して予算づけをするか否かを左右するのは、産業振興を専門にしているわけではない財政担当部署や首長となります。新規事業の必要性や重要性がどんなにあったとしても、専門外の人にはそれを正しく理解してもらえないかもしれません。

そんなときに大きく影響してくるのが財源です。同じ事業を行い、同じ予算額を支出するとしても、それが財源のあてが全くない純増の要求で財源の確保は財政担当部署まかせであれば、当然ながら実現性は低くなります。最もよいのは、国や都道府県などからの補助金や交付金によって自治体の支出が抑えられる保証がある場合です。これらのあてがない場合、ほかの事業の見直しや廃止によって部署の予算総額が前年度の予算額と同額並みに抑えられるようにできれば、実現の可能性は高まります。

7│3 ◎…今まで続いてきた既存事業を「やめる」

▶▶ 廃止と言い出す前に背景の見極めが大切

産業振興担当として華のある目立つ仕事は、新規事業の立上げです。規模の大小を問わなければ、地道に取り組みやすく実現しやすい仕事は、事業の見直しです。そして、最も地味で難しい仕事が、事業の廃止です。

予算が限られている中では、新しい事業を行うばかりではお金もマンパワーも足りなくなるので、同時に既存事業の廃止も検討する必要が生じてきます。

様々な仕事をしていると、この事業はやり続ける意味があるのだろうかと疑問に思うこともあります。あるいは、地域の関係者などから「この事業を続けても意味がない」と言われることもあるかもしれません。

だから、やめよう。

そう思っても、簡単にはやめられません。やめるということは、始めることよりも難しい、恐らく地方公務員として働く中で最も難しいことの1つです。だからこそ、皆さんや外部の人がふと疑問に思うことがあっても、それらの事業が連綿と続いていたりします。

「だから、やめない」のではなく、やめ方を考えましょう。

やめたほうがいいのではないかと思ったら、いきなり「廃止しましょう」と公然と言い出して動き出すのは避けてください。どんな事業も始めた時には何らかの目的や要望があったからこそ始まり、誰もやめる決断をしなかったからこそ今まで続いています。その背景事情を見極めないまま、廃止だけを言い出してもうまくはいきません。

押さえてほしいことは2つ、「今までの経緯」と「キーパーソン」の把握です。

▶▶▶ 今までの経緯を調べる

　事業をやめようとする時、表面的な内容や効果だけを見て、その意義を問うても、それでは足りないことがあります。そこに気付かずに廃止しようとすると、「何もわかってない」と無知を責められ、地域との信頼関係を損なうなどの事態にもなりかねません。

　例えば、あるイベント事業の集客が悪かったり内容が古臭くなったりしていて廃止しようと考えたとしましょう。ところが、このイベントが地域の声から始まったもので、今は古臭いと思える内容こそがそのイベントを始めた理由だとしたら、それを一方的に非難して廃止しようとする提案は、地域の怒りを買うかもしれません。

　また、ある事業が公式的・対外的には多様な団体への補助金だとしても、その発端が特定団体の活動を支援することが中心的な目的だったとすると、その特定団体への配慮を欠いたまま廃止しようとすると政治的な問題を引き起こします。

　そのほか、事業によっては開始当初の目的と現在の目的が変化していることもあるかもしれません。公式文書に記載された当初の目的は人材育成のための体験型ワークショップを行う事業だったとしても、その後の時代の変遷で外国人観光客の誘客の要素が強まり、今では観光事業としての意味合いのほうが実質的に強くなっていれば、その事業が人材育成としての効果が乏しくても、それだけを理由に廃止はできません。

　このように今までの経緯によって、注意しなければならない点は異なるので、過去の資料などを丹念に調べて臨むことをお勧めします。

▶▶▶ キーパーソンを押さえる

　事業をやめようとする場合、反対されたら頓挫してしまうような影響力を持ったキーパーソンがときにいます。上司や首長などの組織の序列上の存在だけではなく、庁内であれば産業振興部署と異なる部署、庁外であれば地域の有力な企業なども重要です。ほとんどの既存事業には、その事業が廃止されることでデメリットを感じる既得権者がいます。こ

れらがいないとしたら、事業を廃止するのは難しいことではありません。

　事業の廃止を成し遂げるには、反対しそうなキーパーソンが誰か見付け出したうえで、その人たちと交渉して理解を得る必要があります。

　補助金を利用している人、イベントに出展したり参加したりしている人などは、廃止されるとデメリットが生じる人ですが、これらの全てがキーパーソンではありません。全ての関係者のもとに出向いて交渉するというのは理想かもしれませんが、よほど数が少なくない限り実質的にはほぼ不可能です。そのため、実務では、デメリットの幅が大きい人や地域や庁内組織への影響力が強い人に絞って、説明と交渉を行います。その結果、廃止に賛成してもらえなかったとしても、やむを得ないから反対はしないと言ってもらえれば十分です。

　キーパーソンの理解が得られれば、上司や首長も廃止の決断をしやすくなるでしょう。逆に理解を得ないまま廃止を強行すると、後からキーパーソンが怒鳴り込んで来るなどして大事になるおそれがあります。

▶▶ 前向きな廃止にする

　デメリットのあるキーパーソンに対し、どう説明して廃止への理解を得るのでしょうか。続ける意味が乏しいからこそ廃止するのですから、それはきちんと説明します。でも、それだけでは後ろ向きでマイナスの印象が強くなりがちで賛成は得にくいものです。

　事業をやめるときには、後ろ向きに「やめる」とだけ言うのではなく、それを前向きに転換して説明できるようにしましょう。

　例えば、「自治体主催のイベントをやめる」と言うだけでなく、「民間主体による自立した自由度の高いイベントを推進していきたい」と説明したり、「展示会への出展経費の補助をやめる」と言うだけでなく、「経費面ではなく販路開拓のためのノウハウ提供を重視していきたい」と説明したりすると、結果として事業の廃止を伴うとしても意味合いや印象は異なります。

　これらの説明は、ある程度は本当に前向きな面を持っていないと口にはできません。実際は言葉だけで済ませるという手法が便法として行わ

れることもあり、互いに納得のうえで受け入れるという「大人」の処世
術でもあります。しかし、そればかりでは誠意に欠けます。基本は、本
当に前向きに意味ある廃止にしてこそ、それを納得してもらえるのです。

　ところで、少し異なる方法として、従来の事業自体はやめるとしても、
キーパーソンや大多数の人がこだわる中核の部分は別の事業に取り込ん
で存続させるという方法もあります。例えば、ある補助金制度を廃止す
る一方、その補助金と同額規模の金額を別に受給できるように、あわせ
てほかの補助金制度を見直すような方法です。これは見直しを併用する
というものですが、一旦、１つの事業を廃止する方法ではあります。

▶▶▶ 最後は粘り腰と人間性

　今までの経緯を調べ、キーパーソンと交渉して前向きに廃止しようと
しても、うまくいくとは限りません。廃止するということは、どうして
も後ろ向きの印象を与え、既得権者に損失が生じるので反対されます。

　でも、簡単に諦めないでください。

　廃止したほうがいいと、本当に考えるなら、その思いをきちんとぶつ
けましょう。反対されるとしても、むしろその人が反対するのを諦める
まで粘りましょう。

　それは、何の策もなく同じことを言い続けるということではありませ
ん。**より説得力のある根拠を用意し、より説得力のある言葉で説明し、
廃止に賛成する仲間を増やし、より効果的なタイミングを見計らって、
パワーアップしたうえで粘り強く交渉する**ということです。

　このような交渉が必要な仕事を成功させるには、担当職員が信頼を得
ていることも大事になります。同じ案件について、普段全く付き合いの
ない事務的な関係しかない職員に言われれば冷淡に反対できるものが、
いつも世話になっている親しい関係の職員に言われると反対しにくく
なったりするのが人間というものです。

　よい人間になることが、よい職員になることで、それが、よい仕事に
結びつきます。

◎…「経費を使わずに」成果を生む

▶▶ 予算の増減だけが全てじゃない

産業振興担当として、いい仕事をする道は、事業を「見直す」「始める」「やめる」といったことだけではありません。予算額の増減や大幅な見直しなどを伴い、担当職員だけで進められず上司の決定を仰ぐ必要のあるものは、どんなにいいアイデアでも実現できないこともあります。

また、これらのレベルの行為は、そんなに頻繁に気づいたり思いついたりもできませんし、着手して進めていくのにも相当の準備やエネルギーがいるので、それほど多く取り組めるものでもありません。新規事業を始めたり既存事業を廃止したりするのは、1人の職員が取り組むとしたら1年で1つ実現できれば十分なくらいです。だからといって、それらに取り組まないわけではないとしても、ほかにも皆さんには普段から取り組めることがあります。

通常の職務を無事に粛々と進めていくだけでなく、その中で出会う人や情報に「種」を見い出して、それを育てられるかです。産業振興担当の職員としての価値とやりがいは、その有無で大きく異なってきます。

▶▶ 事業をフルに活用してもらう

数ある産業振興施策は、本当に必要な人に十分活用されているでしょうか。庁外の人々は、皆さんがわかっているほどには自治体の施策の存在や中身を知りません。自社が活用できて、活用すれば効果を期待できるものがあるにもかかわらず、知らないから活用していないことは往々にしてあります。これを意識していないと、各施策は既に知っている人

だけに活用され、それだけでニーズの有無が語られてしまうのです。

　企業側は、そもそもその事業の存在を知らなかったり、知っていたとしても自社に関係ないと思っていたりするものですから、企業側から皆さんに訊いてくることはありません。でも、その企業が何に困っているか、何を望んでいるかという話を聞く機会を皆さんは持っています。直接的に話をしなくても、置かれている状況を見ていれば、新製品開発に取り組もうとしている、自社PRに力を入れようとしているなど、何が必要そうか想像できるものです。

　ここで、「この会社には、あの事業が向いているのでは？」と気付くことができれば、そこから新たな道が開けます。皆さんの側から、「このような事業がありますが、ご興味はありますか？」と訊いてみましょう。これをきっかけにその企業が事業を活用することは、既存の事業が予算額の枠内で行われることなので誰にも気兼ねはいりません。それでいて、活用に至れば、企業側は知らなかった便益を受けられるようになるのですから、満足してもらえます。

　ちなみに、このように事業を紹介するとき、絶対に活用できると誤解されないようには気を付けましょう。対象要件がある事業の場合、相手がその気になっても、実際には活用できないことも起こり得ます。これはトラブルのもとなので、あらかじめ誤解のないように説明しておくことも大事です。

▶▶▶ ほかの企業などを紹介する

　企業のニーズに応えられるものは、自治体の産業振興施策だけではありません。むしろ施策だけでカバーできるものは少ないといってもよいでしょう。企業の事業活動を後押しできるもののうち、自治体が交付できる補助金などの資金やウェブサイトなどのPRによる宣伝は、経費がかかる一方で、残念ながら目をみはるほど効果の大きいものにはなかなかなり得ません。

　むしろ企業にとって最も直接的に効果があるのは、企業同士のマッチングです。これは受発注などの取引はもちろん、会場やアイデアの提供、

金銭を全く介さず互いに刺激を与え合う交流までも含みます。

　地域内の企業同士をつないだり、地域外の企業に地域内の企業を紹介したりすることは、施策としての経営相談での対応もありますが、それは意識的に相談しようと身構えて臨むレベルです。実際は、もっと日常的な会話の中で「こんなことしたいんだよね〜」や「こんな会社を知らない？」などの軽いやりとりが多くあります。これらを雑談として聞き流すのではなく、しっかりアンテナを立てて、自分の知識や経験と結び付けられたとき、経費のかからない産業振興につながります。

　物品販売をできる会場やイベントを探していると聞き、地域内の店舗や知人の企業が主催しているイベントを紹介した結果、出店が実現して感謝されたなどの実例はいくつもあります。そのほか、革素材を探しているクリエイターに皮革加工の町工場を紹介したり、ロボット開発に苦戦しているスタートアップに技術者を紹介したりするようなことは、予算がかからず、相談対応などと大げさに銘打たなくても可能なことです。

▶▶▶ アイデア提供や応援できっかけをつくる

　企業は現状に課題を感じて何かに前向きに挑戦したいと思っていても、アイデアが浮かばなかったり、アイデアはあっても本当に踏み出していいものか躊躇していたりします。このような状態は、相談対応の窓口に自ら積極的に赴こうとするよりも前の段階です。ここで関わった職員の態度によって、その後の動きが変わってくることもあります。

　一歩踏み出すのに悩んでいるのを前にしたら、それを応援してあげるだけでも勇気が出るものです。アイデアがなくて悩んでいたら、ちょっとした思いつきを語り合ったり、ほかの人の取組みを伝えたりするだけで、きっかけをつかめることもあります。提案や応援を口に出すことに予算は一切かからず上司の決裁も必要ありません。

　実際、マンネリ化しつつあったイベントの今後に悩む主催者に対し、集客力のあるギャラリーが地域内にオープンしたのを伝えて一緒にできそうな企画を話してみたところ、両者が連携したイベントが実現して新たな集客につながった例もあります。

ただ、これらの提案や応援をする際は、あくまで企業の自主性を損じないようにする配慮やハイリスクなものは安易に勧めないようすることが大事です。思い付きに近いアイデアを調子よく押し付けても、それに取り組んでリスクを負うのは、皆さんや自治体ではなく企業自身だということを忘れないでください。

　これは、皆さんから提案するときだけでなく、企業から相談してきた話に賛同するときも同じです。本心では大きな疑問や不安を感じているにもかかわらず、相手を喜ばせようとして必要以上に褒めちぎり、間違った道を進ませるのは、産業振興の本来的な目的に反します。反論するのまでは難しいとしても、立ち回り方には注意が必要です。

▶▶▶ 情報と人脈がないと始まらない

　ここに挙げた様々な対応は、一朝一夕にできるものではありません。担当外の産業振興施策や、地域内外の企業などを知っていないと、それらを結び付けることはできないからです。一部の自治体では、地域の企業についてのデータベースを多少は備えていますが、それらの情報の内容や鮮度には限界もあり、現場の必要性に応じた情報が得られないこともあります。

　そのため、前述のような対応の**実現を左右するのは、担当職員の情報収集力と人脈です**。地域内外の企業や施策について、職場での普段の会話に耳を傾け、新聞などの出版物やSNSなどのインターネット情報の中で関連しそうな内容を見付けて記憶にとどめておくようにしましょう。また、地域内外の企業に担当職務の最低限の必要性を超えて積極的に接触し、人脈を広げていけるかも大事になってきます。

　これらは担当職員の義務であるとまではいえません。しかし、このような姿勢で仕事に臨めば、着実に地域の産業振興の一助となるはずです。

7 | 5 ◎…「指名される職員」になり、組織に「遺産」を残す

▶▶ 信頼で指名される

　産業振興担当の職員は、地域の企業との付き合いが多くを占める仕事です。自治体職員の基本的な事務である文書処理や会計処理などの手続きをおろそかにできないとしても、そこにプラス・アルファとしてのコミュニケーションや企画を実行する力が求められてきます。それらを身に付けて、担当事業の見直しや新規立ち上げ、廃止にも取り組めるようになっていくには、地域から信頼を得ることが必須です。

　それは、誰に相談したらいいかわからないことや担当職員に直接には言いにくいことがあったとき、地域の人が最初に思い浮かべるのが皆さんの顔と名前になるということです。

　これは、地域の人々と仲良くならないと実現できません。誤解しないでほしいのは、「仲良くなって好かれること」と「信頼されること」は同じではないということです。皆さんは産業振興担当としての業務を果たすために配属されています。地域の人々も人間ですから、話が面白いとか飲み会に付き合ってくれるとか見た目が綺麗とか、そんな表面的なことでも気に入って可愛がってくれることはあります。でも、それだけでは仕事上の信頼を得ているということにはなりません。

▶▶ 信頼を得るには日々の努力が必要

　信頼は、通常の事務手続きを粛々と無難に進めていくだけでは得られません。地域の企業や社会経済の状況を学び、たとえ義務ではなくても地域に足を運んで地域や産業の話をし、面倒を厭わず前向きに取り組ん

で、どんな小さな成果でもコツコツ積み重ねていく努力が必要です。

　机に向かってばかりで、街中に出ても地域の人と言葉を交わすのを避けていたら、顔と名前は地域の人の脳裏には残りません。

　そして街中で明るく振る舞っても、肝心の仕事がおろそかで改善はせず事務手続きも失敗ばかりなら、地域の人が頼ろうとは思いません。

　信頼を得るのは、信頼を得ようとしてする言動ではなく、本心から地域の産業のために何かできないかと考え、真剣に語り、動く姿です。

　自然とそのような姿になる職員は、地域の人々の本音を引き出し、様々な人々の協力に結び付けることができます。だからこそ、時には地域の企業などにとって厳しい意見や政策を語ったとしても、そこには保身や他人事ではない親身の説得力が得られるのです。

▶▶▶ 属人化で終わらせない

　仕事の質は、誰が担当職員かという「人」によって多くが決まるものです。真剣に仕事に取り組む職員や地域産業に関わることが好きな職員の働きぶりが、その職員を「指名される職員」にし、すると今まで以上に多くの情報や人も集まり、さらに効果的な仕事ができるようになります。

　それ自体はよいことですが、特定の情報が1人の職員に集中し、その職員が1人で抱え込んだり他の職員が関与しなかったりすると、落とし穴もあるので注意が必要です。「指名される職員」の仕事が属人化され、その内容や進め方をほかの職員がわからなくなってしまいます。

　この弊害が顕在化するのが、その「指名される職員」が異動などでいなくなったときです。通常業務のほか、手掛けていた見直しや独自の人脈に伴う問い合わせなど、その職員が担当していた仕事をほかの誰かがやらなければなりません。ほかの職員は知らなくても、その職員と関わっていた地域の関係者は知っているので混乱は必至です。「信頼されること」は「依存させること」とは違います。

　地域産業の未来を考えるのであれば、今現在を頑張るのに加えて、自分がいなくなった後まで考えて取り組めるのが理想です。

▶▶ 引継ぎ書などの資料を残す

　属人化による弊害を小さくし、担当から外れた後も消えない「遺産」を残すために取り組めると理想的なことが3つあります。

　第1は、痒いところに手が届く十分な内容の引継ぎ書、マニュアルなどの資料を整備し、最新の情報に更新しておくことです。

　産業振興担当の業務は法令などで細かい手続きが明記されているものは少なく、それぞれの地域や担当事業に特有のやり方や人間関係などの注意点は担当職員だけが知っています。多くの場合、これらの経緯やノウハウは職人のごとくほぼ口伝えで継承され、代を重ねるごとに過去の情報は徐々に失われてしまいます。職員によっては、整理整頓という名のもとに大事な古い資料も見境なく処分してしまう人もいますが、それでは過去の職員と地域が積み重ねてきた歴史をも消してしまい、今までの経緯がわからなくなってしまいます。

　溜め込めばいいわけではなく、大事なものを見極めて選別して残し、さらにそこに自分の得た知識や経験を書き加えて後任に引き継いでいくことが、先輩職員としての務めです。

▶▶ 人のつながりや現場感覚も引き継ぐ

　第2は、人のつながりや現場の感覚を、担当している段階から異動後を見据えて後任候補者にも引き継いでいくことです。

　引継ぎ書に書き残せるのは知識を文字化したものだけで、個々別々の地域、企業や人に特有の雰囲気やニュアンスまでは伝えられません。ましてや1人で築き上げた人間関係であれば、なおさらです。

　地域の人にとっては、信頼していたベテラン職員のAさんが異動した後、顔も名前も全く知らなかったBさんに「はじめまして、Aの後任です」といきなり言われるのと、今までAさんが時々一緒に連れてきていたBさんに「おひさしぶりです、Aの後任になりました」と言われるのでは、そこからのお互いのコミュニケーションのしやすさが違います。

　担当業務で見聞きしたことや悩んでいることを口に出さず、何もかも

自分１人で抱え込んで動くのではなく、時にほかの職員と情報を共有し、現場に一緒に行き、関係者に同僚や上司を紹介し、自分１人しか知らないという状況をできるだけ少なくするように心がけたいものです。

　一緒に行動した職員が皆さんの得たつながりや現場感覚を多少なりとも持っていれば、異動した後も地域の人に迷惑を掛けずに済みます。また、たとえ異動しなくても、代役がいてくれることで仕事が楽になり、休みも取りやすくなって便利です。

▶▶ 引継ぎ以上に影響を与える「遺産」を残す

　第３は、既存の枠内での個人の努力を超え、枠組み自体に手を付けて担当職員が代わっても影響が残る仕事をすることです。

　引継ぎは大事ですが、全てが引き継がれ続けるわけではありません。後任の職員によっては、引き継がれたことを忘れてしまったり引継ぎ書をあまり見なかったりする人もいます。後任を誰が担当したとしても、今の質から落ち過ぎないようにしておけると安心です。

　条例や要綱、主要な予算額などに手を付けるような、事業の大幅な見直しや廃止、新規事業の立上げといった仕事は、大きな「遺産」です。企業が利用しにくい補助金制度を皆さんが要綱改正を実現して見直せば、担当職員が代わっても影響は残り続けます。効果が乏しくなっていた事業を廃止したり、新たなニーズに対応した新規事業を立ち上げたりすれば、後任の職員はより意義ある仕事に力を注げるようになります。

　でも、そんな大きな仕事だけが全てではありません。例えばSNSの発信記事の表題やハッシュタグが、今までは作成する職員によってバラバラで統一感がなかったのを、皆さんが書き方を改めてよりよい形で定着させしたとします。それには要綱改正も予算の増減も必要ありません。そして、いずれ後任の職員は皆さんの仕事を踏襲して統一感のある書き方を続けるでしょう。それもまた、皆さんの想いがコピーされて生き残る小さな「遺産」です。ちょっとした工夫でできることは、たくさんあります。

　皆さんの努力で、地域の産業振興のための「遺産」を残しましょう。

SNS をやってたら、こんなことが！

インターネットでもコツコツ営業

　皆さんは SNS で発信をしていますか？　自治体としてのアカウントではなく個人のアカウントで行っていますか？ Facebook、Twitter、Instagram など、見るだけのためにアカウントを持っている方もいるでしょうが、著者は個人の Facebook と Instagram アカウントで発信をしています。

　映える画像や気の利いたコメントを書くインフルエンサーでは全然なく、日々、仕事で行ったイベントや買った製品をヘタクソな画像とともに紹介しているだけです。

　SNS での発信や撮影が得意なわけではないからこそ、自分の勉強と経験のために地味に発信を続けています。

SNS は、もろ刃の剣

　SNS を仕事で使うときは、割切りが必要です。プライベート 100％の個人アカウントを仕事に使うと、仕事関係者から友達申請が来ることがあります。「誰でも大歓迎！」ならよいですが、上司や首長、地域の有力者からコンタクトがあると、ちょっと腰が引けるのも普通です。

　著者は念のため、それまで使っていた純粋にプライベートの個人アカウントを閉じ、ほぼ仕事専用のアカウントを改めて持ちました。

　仕事上の関係者と SNS でつながって公開で発信していると、結構役立ちます。企業の公式アカウントで発信されない細かい情報が社長個人のアカウントで流れたり、イベントの参加客から感謝のコメントが書き込まれたり、仕事上の問い合わせがメッセンジャーで来たり。

　実はこの本を執筆することになったのも、そうやって SNS を活用していたおかげでもあります。皆さんもぜひ活用してみてください。

おわりに

　噛めば噛むほど味が出る。本書を書くのに産業振興について考えれば考えるほど、いかに広く深いものかを改めて思い知らされました。

　私の持てるものをできるだけ盛り込み、より広く深い内容の教科書にしようと試みましたが、さすがに全部は詰め込めなかったので、大事なことだけを凝縮しました。

　磨けば磨くほど輝ける。産業振興の業務にも当てはまると思います。ある職員が、自身の仕事の覚え方を「ぶつかり稽古」だと言っていました。体育会系の精神主義ではなく、その職員は、「考える仕事が好き」だと語り、日々懸命に考えて準備をしたうえで黙々とぶつかり続けていました。ただし、ぶつかるときは自滅しない程度で。そうしてぶつかり続ける職員たちにとって、本書が役に立てば本望です。

　つくづく思うのは、地域の産業人の方々、そして職場の同僚たちへの感謝です。みんながいたからこそ、今の私があり、本書があります。最後に心からの一言を。「ありがとう」。

墨田区立大横川親水公園沿い　ささやカフェにて

大島俊也

主な参考文献

・アレックス・カー、清野由美『観光亡国論』（中央公論新社、2019 年）
・石原武政『商業・まちづくり口辞苑』（碩学舎、2012 年）
・金谷勉『小さな企業が生き残る』（日経 BP 社、2017 年）
・小松理虔『新地方論』（光文社、2022 年）
・ジェームズ・ダイソン（川上純子訳）「インベンション」（日本経済新聞出版、2022 年）
・商工観光研究会編著『商工観光課のシゴト』（ぎょうせい、2018 年）
・関満博『日本の中小企業』（中央公論新社、2017 年）
・日本経済新聞社地域報道センター編『データで読む地域再生　「強い県・強い市町村」の秘密を探る』（日本経済新聞出版、2022 年）
・満薗勇『商店街はいま必要なのか　「日本型流通」の近現代史』（講談社、2015 年）
・山口和雄ほか編『日本産業史　1 ～ 4』（日本経済新聞社、1994 年）

●著者紹介

大島俊也 （おおしま・としや）

東京都墨田区職員。

千葉県習志野市出身、東京都小平市在住。専修大学法学部卒業後、1996
（平成8）年墨田区入庁。議会事務局議事係、高齢者福祉課、職員課、
安全支援課、議会事務局議事調査主査、産業経済課産業振興主査（2年
間）、産業振興課産業振興主査（6年間）を経て、2023（令和5）年よ
り厚生課厚生係長。

区内産業がより高い評価を受けることを目指す「すみだ3M運動」、も
のづくりでイノベーションを起こす「新ものづくり創出拠点」、ものづ
くりイベント「すみだガラス市」や「スミファ（すみだファクトリーめ
ぐり）」、千葉大学との連携事業などを担当。SNSの個人アカウント
（Facebook：大島 俊也／ Instagram: toshiya.oshima）でも区内産業の
発信に取り組んでいる。

議会事務局実務研究会会員として、共著『Q＆A　今さら聞けない自治
体議会の基礎知識』（第一法規）を執筆。

自治体の産業振興担当になったら読む本

2023年5月16日　初版発行

著　者	大島俊也
発行者	佐久間重嘉
発行所	学 陽 書 房

〒102-0072　東京都千代田区飯田橋1-9-3
営業部／電話　03-3261-1111　FAX　03-5211-3300
編集部／電話　03-3261-1112
http://www.gakuyo.co.jp/

ブックデザイン／佐藤　博
DTP製作・印刷／精文堂印刷　製本／東京美術紙工